Bier

selbst gebraut

Bayern
Hallertau
Au i. d. Hallertau
1994 № 3410
aufbereitet
Unter Aufsicht umgepackt

Klaus Kling

Bier
selbst gebraut

Weltbild

Inhalt

Vorwort 6

Kleine Exkursion in die (Bier-) Geschichte

Vom „Gerstenbrei" zum Pils 8

Der Zufall wird's gewesen sein 9

Von der Frühzeit bis ins 20. Jahrhundert 9

- Die Wiege stand im Zweistromeland . 9
- Für die Römer ungenießbar 10
- Germanisches Bier 10
- Klosterbrauereien im Mittelalter 11
- Das Reinheitsgebot 13
- Ein Getränk erobert die Welt 13
- Tradition des Heimbrauens 13

Etwas Know-how muss sein

Bierarten, -sorten und Typen 16

- Urdeutsch, rein und ohne Chemie 17
- Der Stoff, aus dem die Biere sind . . . 17
- Bierarten 18
- Biergattungen 18
- Biertypen und Biersorten 19

Braustoffe

Malz, Wasser, Hopfen, Hefe & Co. . . . 20

- Reine Inhaltsstoffe 21

Malz und Mälzen 21

- Gerste oder Weizen? 21
- Vorbereitung des Getreides – das Mälzen 21
- Mälzvorgang 22
- Schroten 23
- Malzsorten 24
- Hauptmalze aus Gerste 24
- Sondermalze 25
- Spezialmalze 26
- Zusatzstoffe 29
- Ersatzstoffe 30
- Zucker 30
- Rohfrucht und verkleisterte Rohfrucht 31

Wasser 33

- Was das Wasser hart macht 33
- Fragen Sie Ihr Wasseramt 34
- Sauer oder nicht sauer? 35
- Einstellen von Wasserhärte und pH-Wert 35

Hopfen 36

- Hopfen und Hopfenprodukte 37
- Einsatz und Zugabe von Hopfen 39
- Hopfenarten und ihre Verwendung . . 40
- Umrechnen – warum und wie? 42
- Hopfenkochen – Würzekochen 43
- Die Hopfenbittere 43

Hefe 44

- Reinzucht 44
- Flüssig oder trocken? 45
- Obergärig – Untergärig 46

Sonstige Hilfsmittel und Möglichkeiten 49

- Schaummittel 49
- Klärmittel 49
- Konservierung 50

Wissenswertes vor dem Brauen

Messen, prüfen, berechnen und die nötigen Geräte 52

- Vor dem Start 53
- Stammwürze und Alkoholgehalt 53

Bierspindel (Saccharometer) 54

- Einsatzmöglichkeiten der Bierspindel 55
- Richtig messen mit der Bierspindel . . 56
- Was mit der Bierspindel gemessen wird 57

Schnellvergärungsprobe und Abfüllzeitpunkt 58
Warten, bis keine Gärblasen mehr aufsteigen 58
Erfahrung zählt 58
Die Schnellvergärungsprobe 59

Jodprobe 60

Hauptguss – Nachguss 61
Hauptguss 61
Nachguss 61

Abläutern 62
Treber, Vorderwürze und Anschwänzen 62
Der Abläutervorgang 62
Kosten für die Abläutertechnik 63

Stammwürzeregulierung 64

Schlauchen 64

Utensilien 64

Sauberkeit 65
Reinigung der Brauutensilien 65

Rechtlich gesehen 68
Auszug aus dem Biersteuergesetz von 1993 68
Brauanzeige 69
Biersteuererklärung 69
Brauprotokoll 70

Braumethoden
Maische- und Extraktverfahren 72
Verschiedene Systeme 73
Maischverfahren 73
Extraktverfahren 75

Brauvorgang Maischverfahren 75
Infusionsverfahren 76

Bier brauen – Schritt für Schritt 78

Brauvorgang Extraktverfahren 87

Braufehler – und was Sie dagegen tun können 90

Bierrezepte aus aller Welt
Beliebtes, Bekanntes und Außergewöhnliches 92
Ideen fürs Nachbrauen und Experimentieren 93
Rezepte 94

Anhang 140
Bezugsquellenhinweis
- Versandhandel 140
- Einzelhandel (regional) 140
Vereine / Zusammenschlüsse 140
Literatur 141
Register 142

Vorwort

Ich bin ein Bier-Freund. Dazu stehe ich und hoffe, Sie werter Leser entschuldigen, daß ich gleich mit der Tür ins Haus falle. Es ist mir aber ein Bedürfnis gerade so zu beginnen, weil diese direkte Aussage meine Einstellung zum Bier schnörkellos dokumentiert und gleichzeitig auch etwas über meine Beweggründe aussagt, dieses Buch zu schreiben.

Schon früh faszinierte mich die Tatsache, dass man mit einigen wenigen Rohstoffen eine immens große Anzahl von verschieden schmeckenden, riechenden und aussehenden Bieren brauen kann. Diese Begeisterung steigerte sich noch, als ich – eigentlich mehr mein Gaumen – mit den Bieren unserer ausländischen Nachbarn in Berührung kam, die für mich teilweise einen anderen, vielleicht exotischeren Touch hatten. Und irgendwann wollte ich dann mein eigenes Bier brauen.

Ein schier unmögliches Unterfangen, wie ich jedoch bald feststellen musste, weil es seinerzeit überaus schwierig war, an Rohstoffe zu gelangen, ohne sich gleichzeitig in die Gefahr zu begeben mit dem Gesetz zu kollidieren. Deshalb unterließ ich vorerst weitere Versuche diesbezüglich und probierte mich in gewohnter Weise durch das kaum enden wollende Bierangebot, was schließlich nicht nur äußerst interessant und aufschlussreich, sondern auch sehr „kommunikativ" war.

Im Zuge diverser (EG-?) Liberalisierungsmaßnahmen wurde es dann vor einigen Jahren so nach und nach möglich „legal" an Braumaterialien für das Heimbrauen zu kommen. Dies tat ich dann auch mit wachsender Begeisterung und probierte, experimentierte und kreierte was Mutters alter Einkochtopf, benutzt als Maisch- und Sudpfanne, hergab. So fängt halt jeder Heimbrauer mal an. Außerdem braue ich nicht ausschließlich nur nach dem ursprünglicheren Maischverfahren, sondern hin und wieder ganz gerne auch nach dem einfacheren Extraktverfahren, da man mit diesem ebenfalls zu ganz akzeptablen Bieren kommen kann. (Probieren Sie es irgendwann aus und Sie werden mir Recht geben.)

Meinen (Bier-)Horizont erweiterte ich nebenbei durch jedmögliche Fachliteratur, bis ich schließlich so vermessen war, mein „Heimbrauer-Fachwissen" niederzuschreiben. Nicht zuletzt in der Hoffnung, interessierten Lesern und zukünftigen (Heimbrauer-)Kollegen mit dem einen oder anderen Tipp dienen zu können.

Man möge mir verzeihen, wenn ich mich bei meinen nachfolgenden Ausführungen auf das Wesentliche, für den Hobbybrauer Wissenswerte, beschränke. Für diejenigen, welche ihre Kenntnisse vertiefen möchten, sind selbstverständlich entsprechende Literatur-Hinweise gegeben.

Ebenfalls möchte ich es nicht versäumen, mich an dieser Stelle bei all denen zu bedanken, die mich mit Rat und Tat unterstützten. Ganz besonders möchte ich dies tun bei Willi Mitter, Brauingenieur und Hopfen-Profi aus Mainburg, welcher mir öfters geduldig Rede und Antwort stand. Von ihm stammt der Abschnitt „Hopfen und Hopfenprodukte" auf Seite 37 bis 39, der dem interessierten Leser die Materie „Hopfen" noch etwas näher bringen und verständlicher machen soll.

In diesem Sinne wünsche ich viel Spaß beim Lesen, noch mehr Spaß beim Brauen und natürlich allzeit ein leckeres „Selbstgebrautes" in greifbarer Nähe.

Kirchheim a. N. anno 1998
Klaus Kling

Kleine Exkursion durch die (Bier-) Geschichte

Vom „Gerstenbrei“ zum Pils

Der Zufall wird's gewesen sein

Dass unser viel geliebtes Bier uralt oder sogar noch etwas älter ist, daran gibt es keine Zweifel. Wem die Nachwelt diese Entdeckung, die sich über Jahrtausende bis in die heutige Zeit retten konnte, zu verdanken hat, wissen wir leider nicht genau. Wir können nur versuchen, zu erklären wie das Urbier eventuell entstanden sein könnte.

Man vermutet, dass es ein reines Zufallsprodukt war, nämlich ein dem Regen ausgesetzter und daraufhin gärender Brotfladen, zunächst vergessen, dann Tage später wieder entdeckt und mit dem Ergebnis eines Schwips gegessen wurde, klingt plausibel. Dieses „berauschende" Erlebnis wiederum hat unserem Vorfahren so gut gefallen, dass er diesen Vorgang unbedingt zu wiederholen suchte. Mit der Zeit verbesserte er seine Technik, unterstützt durch seine Nachbarn, welche zwischenzeitlich ebenfalls eingeweiht, auch ihr „Bierchen" brauten. So zog diese Entdeckung unaufhaltsam ihre Kreise durch die nachfolgenden Jahrhunderte.

Von der Frühzeit bis ins 20. Jahrhundert

Die Wiege stand im Zweistromeland

Ausgrabungen bewiesen, dass die Sumerer schon etwa 4000 v. Chr. ein Gebräu aus Brotfladen und Wasser herstellten, dass man ziemlich gesichert als Vorläufer unseres Bieres ansehen darf. Dieses Bier musste man allerdings noch mit Strohhalmen trinken, weil aufgeweichte Brotstücke sowie Getreidekörner darin dümpelten und Filtrationsmöglichkeiten noch unbekannt waren.

Auch die Babylonier und Ägypter brauten auf ähnliche Art und Weise kräftig Bier und erließen seinerzeit sogar spezielle Biergesetze, was wiederum belegt, dass das frühzeitliche Bier bereits ein bedeutender Wirtschaftsfaktor mit interessanten Steuereinnahmemöglichkeiten darstellte.

Die Babylonier wussten über 20 verschiedene Biersorten zu brauen. Davon sollen acht Sorten aus reinem Emmer (Dinkel), weitere acht aus reiner Gerste und vier Sorten aus Getreidemischungen hergestellt worden sein.

Bier wurde in Babylonien nicht verkauft, sondern gegen Gerste eingetauscht. König Hammurabi ließ beispielsweise eine Schankwirtin ertränken, weil sie sich in Silber bezahlen ließ. Ebenso wurde verfahren, wenn minderwertiges Bier in den Ausschank gelangte.

BABYLONISCHES BIERGESETZ

Hammurabi, babylonischer König (1728 bis 1686 v. Chr.), erließ die älteste Gesetzessammlung, in der unter anderem ein Gesetz gefunden wurde, dass der Bevölkerung Babyloniens eine tägliche Ration Bier zusicherte. Die Biermenge war abhängig vom Sozialstatus. So erhielten normale Arbeiter zwei Liter Bier, Beamte drei und Verwalter sowie Oberpriester sogar fünf Liter Bier täglich.

Für die Römer ungenießbar

Zwar wurde auch im römischen Reich Bier gebraut, doch bevorzugten die Römer eindeutig das Getränk der Götter, den Wein. Lediglich in den Außenbezirken des Imperiums, wo kein Weinanbau möglich war, braute man Bier, ansonsten hielten sie es für einen abscheulichen Trunk der Barbaren. Tacitus schrieb dazu: „Als Getränk haben die Germanen ein schauerliches Gebräu, aus Gerste oder Weizen gegoren, ein Gebräu, welches mit Wein eine sehr entfernte Ähnlichkeit hat."

Germanisches Bier

Die Germanen kamen erst etwa 1500 v. Chr. mit dem Bier in Berührung. Sie sollten sich, trotz des Gespötts der Römer, fortan niemals mehr von ihrer neuen Errungenschaft trennen. Bier galt den Germanen nicht nur als Götteropfer, sondern wurde, wie bei den Sumerern und Ägyptern, auch zum eigenen Verzehr gebraut. Nach der Edda, der Sammlung altnordischer Dichtung, war Wein das Getränk der Götter, das Bier gehörte den Sterblichen und der Met den Bewohnern des Totenreiches.

Bieramphoren, aus der Hallstattzeit – etwa 800 v. Chr. – stammend, sind der älteste Nachweis für deutsche Bierbraukunst. Das Bier stieg zur begehrten Handelsware auf, wie ein Bierverlegerstein, in der Nähe von Trier entdeckt, belegte.

Noch ohne Hopfen – aber mit vielen Kräutern

So gingen die Jahre dahin, in denen das Bier verändert, verbessert und dem jeweiligen (Zeit-)Geschmack angepasst wurde. Zu seinem Lieblingsgetränk hätte es aber wohl kaum einer der heutigen Biergenießer erhoben, denn es hat damals für unseren gegenwärtigen Geschmack sicherlich ungewohnt, um nicht zu sagen eigenartig geschmeckt und gerochen. Schon allein wenn man bedenkt, dass man zum Würzen (Hopfen nahm man damals noch nicht) alle möglichen und „unmöglichen" Kräuter und Baumrinden verwendete.

Klosterbrauereien im Mittelalter

Bis zur Jahrtausendwende war das Bierbrauen eine Domäne der Frauen. Das änderte sich, als die Mönche auf der Suche nach einem nahrhaften Getränk zu ihren kargen Mahlzeiten zur Fastenzeit suchten. Flüssiges zu sich zu nehmen, war erlaubt, und so erfreute sich das „flüssige Brot" bald regen Zuspruchs. Schon bald begannen die Mönche nicht nur zum Eigenverbrauch, sondern auch für den Verkauf zu brauen. Gegen eine geringe Gebühr durften sie in den Klosterschenken das Selbstgebraute vertreiben. Doch auch die Städte wollten weder auf das süffige Getränk noch auf die einträgliche Einnahmequelle verzichten und so entwickelte sich auch dort die Braukunst zu einem angesehenen Handwerk.

Der Klosterbrüder Liebe zum süffigen Gerstenbräu verdanken wir einige der schmackhaftesten Biersorten.

GRUTRECHT

Mit Grut bezeichnete man ein Gemisch aus Kräutern, das zum Würzen des Bieres eingesetzt wurde. Die Zusammensetzung wurde von den Braumeistern streng geheim gehalten. Das „Grutrecht", das den Brauereien die Herstellung von Grut erlaubte, war daher die Grundlage einer jeden Brauerei und sicherte eine Art Monopol. Verständlich, dass sich die Brauereien zunächst gegen den Einsatz des Hopfens, der die Grut unnötig machte, wehrten. Hopfen wurde daher anfangs zur Herstellung des Bieres verboten.

Die Landesfürsten erkannten schnell die exzellente Gelegenheit, ihre stets leeren Kassen zu füllen und erhoben entsprechende Steuern. Die Klöster brauchten auf Grund des ihnen zugesprochenen Braurechts keine Steuern abzugeben. Die Folge, viele ihrer Schenken wurden kurzerhand geschlossen.

Einige Quellen nennen den Brabanter König Gambrinus als „Erfinder" der Hopfenzugabe. Wahrscheinlicher ist allerdings, dass man dies eher den Klosterbrüdern zuschreiben muss. Trotzdem gilt Gambrinus bis heute als Schutzpatron der Brauer.

Kräuter für den Geschmack

Zum Würzen des Bieres wanderten unzählige Kräuter in den Sud. Einige waren ausgesprochen giftig, andere verursachten Halluzinationen. Viele Wirkungsweisen der Kräuter konnte man sich damals noch nicht erklären und so suchte man bei Fehlschlägen im Brauprozess die Schuldigen häufig im Bereich des Mystischen. Im späten Mittelalter ging der Aberglaube so weit, dass man Brau- oder Bierhexen die Schuld zu schob. Die letzte Verbrennung einer Brauhexe erfolgte 1591.

Die wundersame Würze – der Hopfen

Trotz der Probleme, die die Landesfürsten den Klostergemeinschaften machten, verdanken wir den Mönchen die Entdeckung des Stoffes, nach dem die (Bier-)Welt so lange gesucht hatte, – den wichtigen Bitterstoff Hopfen. Sie, die sich hinter ihren hohen Mauern als erste sozusagen wissenschaftlich mit dem Gerstensaft auseinander setzten, verwendeten erstmalig Hopfen zum Würzen des Bieres. So soll beispielsweise in Brabanter Klöstern die Hopfenzugabe um das Jahr 822 n. Chr. ihre Premiere gehabt haben.

Mit der Verwendung des Hopfens wurde das Bier lagerfähiger und der Brauprozess wesentlich stabiler. Das damalige Bier dürfte geschmacklich wie auch auf das Aussehen bezogen dem heutigen schon recht ähnlich gewesen sein.

Das Reinheitsgebot

1516 erließ Herzog Wilhelm IV, um eine Beständigkeit der Bierqualität zu erreichen, das wichtigste aller Biergesetze, nämlich das „altbaierische“ Reinheitsgebot, das später glücklicherweise auf ganz Deutschland ausgedehnt und zum weltbekannten „Deutschen Reinheitsgebot“ wurde. Das Gesetz besagte, dass zum Bierbrauen nichts anderes als (Gersten-)Malz, Hopfen und Wasser verwendet werden darf, wodurch unser Bier bis heute sauber, sprich chemiefrei blieb. Die gezielte Hefezugabe kannte man damals übrigens noch nicht – man verließ sich einfach auf die in der Luft umherschwirrenden, wilden Hefen. Die Hefe wurde jedoch einige Zeit später unwiderruflich als viertes (Bier-)Element in das Reinheitsgebot integriert.

Ein Getränk erorbert die Welt

Mit der Qualität nahm auch die Verbreitung des Bieres zu und es entstanden Brauereizentren wie bespielsweise in Hamburg, Bremen, Braunschweig und Einbeck. Den weltweiten Export selbst übernahm die Hanse, die ein lukratives Geschäft im Vertrieb des süffigen Gerstensaftes witterte. In Hamburg zählte man um 1500 etwa 600 Brauereien und die Hansestadt Bremen belieferte Skandinavien, England und Holland mit deutschem Bier.

INFO

Unter Friedrich Wilhelm I wurde das Bier auch in die oberen Kreise eingeführt. Sein Sohn, der spätere Friedrich der Große erlernte übrigens das Brauhandwerk.

Tradition des Heimbrauens

Wann genau die Heimbrauer-Ära begann, vermag natürlich niemand genau zu sagen. Ganz am Anfang gab es wohl nur Heimbrauer, wobei später neben dem berufsmäßigen Brauen sicherlich immer auch „hausgebraut“ wurde.

Brauverbot

Ausgehend vom Mittelalter wurde bis heute stets in den eigenen vier Wänden gebraut. Recht still wurde es im Heimbrauermilieu allerdings in der Zeit kurz vor dem Ersten Weltkrieg bis in die achtziger Jahre. Genauer gesagt, es war gesetzlich verboten, Rohstoffe und Unterlagen zur Bierherstellung zu erwerben. Dies hatte mit Sicherheit politische sowie steuerliche Hintergründe. Zum Glück für alle Heim- und Hobbybrauer wurde dieses Gesetz jedoch novelliert.

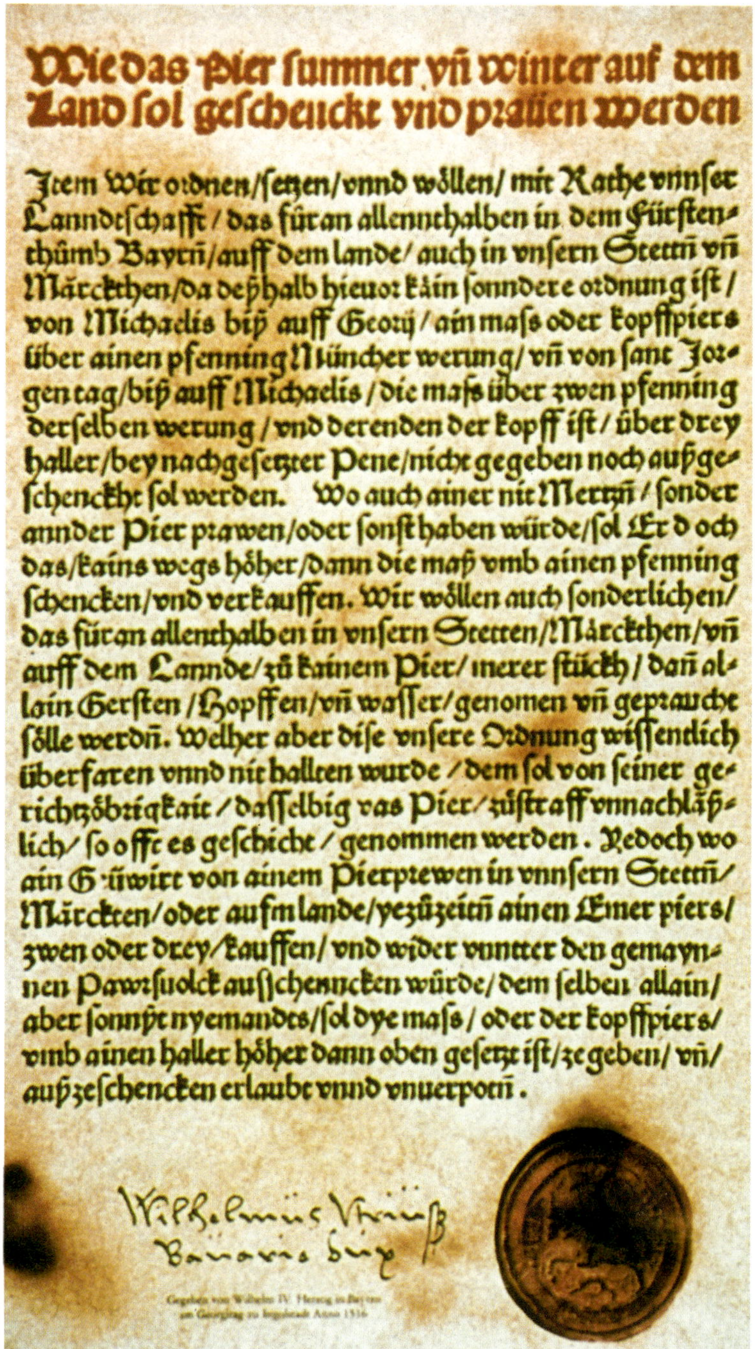

Wie das Pier summer vñ winter auf dem Land sol geschenckt vnd prauen werden

Item Wir ordnen/setzen/vnnd wöllen/ mit Rathe vnnser Lanndtschafft / das füran allenthalben in dem Fürstenthûmb Bayrn/auff dem lande/ auch in vnsern Stettñ vñ Märckthen/da deßhalb hieuor kain sonndere ordnung ist/ von Michaelis biß auff Georij / ain mass oder kopffpiers über ainen pfenning Müncher werung/ vñ von sant Jorgen tag/biß auff Michaelis / die mass über zwen pfenning derselben werung / vnd derenden der kopff ist / über drey haller/bey nachgesetzter Pene/nicht gegeben noch außgeschenckht sol werden. Wo auch ainer nit Mertzñ / sonder annder Pier prawen/oder sonst haben würde/sol Er doch das/kains wegs höher/dann die maß vmb ainen pfenning schencken/vnd verkauffen. Wir wöllen auch sonderlichen/ das füran allenthalben in vnsern Stetten/Märckthen/vñ auff dem Lannde/zû kainem Pier/merer stückh/dañ allain Gersten/Hopffen/vñ wasser/genomen vñ gepraucht sölle werdñ. Welher aber dise vnsere Ordnung wissendlich überfaren vnnd nit hallten wurde/dem sol von seiner gerichtzöbrigkait/dasselbig vas Pier/zûstraff vnnachläßlich/ so offt es geschicht/ genommen werden. Yedoch wo ain G·üwirt von ainem Pierprewen in vnnsern Stettñ/ Märckten/oder aufm lande/yezûzeitñ ainen Emer piers/ zwen oder drey/kauffen/ vnd wider vnnter den gemaynnen Pawrsuolck außschencken würde/dem selben allain/ aber sonnßt nyemandts/sol dye maß / oder der kopffpiers/ vmb ainen haller höher dann oben gesetzt ist/zegeben/ vñ/ außzeschencken erlaubt vnnd vnuerpotñ.

Gegeben von Wilhelm IV. Herzog in Bayern am Georgitag zu Ingolstadt Anno 1516

Das Reinheitsgebot von 1516 ist die älteste lebensmittelrechtliche Verordnung der Welt.

Hausbrauen war weiblich

Aber zurück zu unseren frühen und späteren Hausbrauern, besser gesagt „Hausbrauerinnen". Denn Brotbacken und Bierbrauen gehörten seit jeher zu den Aufgaben der Frauen. Erst durch die Mönche gelangte die erwerbsmäßige Braukunst in die Hände der Männer. Die Hausbrauerei blieb dagegen über Jahrhunderte die Domäne der an Haus und Hof gebundenen Frauen. Von Luthers Gattin weiß man beispielsweise, dass sie ein ganz hervorragendes Bier braute, um ihren Reformator bei Laune zu halten.

Hausbrauen – heute

Heutzutage lebt die gute Tradition des Heimbrauens auch bei uns wieder auf und wird jetzt, was überaus interessant ist, hauptsächlich, um nicht zu sagen ausschließlich, von Männern betrieben. So ändern sich die Zeiten.

Vielfältige Bierlandschaft

Bier ist und bleibt des Deutschen Lieblingsgetränk. Nach wie vor befinden wir uns statistisch betrachtet unter den ersten drei Ländern im Pro-Kopf-Verbrauch (ca. 130 bis 140 l pro Jahr), besitzen die meisten Brauereien (ca. 1300) und sind mit nahezu 5000 Biermarken absolute Weltspitze. Die neuen Bundesländer haben mit altehrwürdigen Bieren erheblich zu dieser Vielfalt beigetragen, zumal viele dieser Biere erst nach der Wende wieder rezeptgetreu wie einst gebraut werden konnten, da die benötigten Rohstoffe zuvor nur teilweise oder auch überhaupt nicht erhältlich waren. Hinzu kommen die vielen neuen, beispielsweise naturtrüben Biere, der sich stetig vermehrenden Gasthausbrauereien.

Die Sortenvielfalt der hiesigen Biere ist unübertroffen – hoffen wir, dass es so bleibt, und erfreuen wir uns besonders an den selbst gebrauten Bieren.

Etwas Know-how muss sein

Bierarten, -sorten und -typen

Urdeutsch, rein und ohne Chemie

Ein wenig stolz dürfen wir „einheimischen“ Bierfreunde schon sein, weil das Bier, wenn vielleicht auch anderswo entdeckt, doch unbestritten ein urdeutsches Produkt ist, welches hierzulande über die Jahrhunderte eine konstante Weiterentwicklung erfuhr und dadurch zu dem wurde, was es heute ist. Nämlich zu einem Getränk ohne jede Spur von Chemie, wofür uns wiederum die halbe, wenn nicht sogar die ganze Bierwelt beneidet.

BIER IST GESUND

Bier kann man (im Gegensatz zum Wein) nicht nur bedenkenlos zu allen Speisen und Gelegenheiten genießen, sondern es entspannt, beruhigt und taugt, medizinisch gesehen, sogar zur Linderung für so manches „Wehwehchen". Selbst zum Kochen, Backen, wie auch zur Unterstützung bei Ernährungsproblemen (zum Beispiel in Form von Malzbier) ist es geradezu prädestiniert. Ja sogar als gesunder Haarfestiger mit glanzbringendem Nebeneffekt ist es kaum zu übertreffen.

Der Stoff, aus dem die Biere sind

Gerstenmalz (in Ausnahmen auch Weizenmalz), Wasser, Hopfen und Hefe sind nach dem Reinheitsgebot die einzigen erlaubten Rohstoffe zur Bierherstellung. Jedoch gelten diese Richtlinien im Prinzip nur für Deutschland beziehungsweise für jene Länder und Brauereien, welche sich ebenfalls zum Reinheitsgebot bekennen. In nicht wenigen ausländischen Brauereien werden Malzersatzstoffe sowie chemische Mittel zur Klärung, Haltbarmachung und für eine bessere Schaumstabilität verwendet. Sofern solche nicht naturreinen Mittel in diesem Buch erwähnt werden, dienen sie lediglich zur Information und mit entsprechendem Hinweis.

Bewusst verweisen wir dagegen auf solche Ersatz- und Zusatzbraustoffe, welche zwar nicht dem Reinheitsgebot entsprechen, aber wie Mais-, Hafer-, Reis- und Gerstenflocken als auch Lactose (Milchzucker) und Haushaltszucker völlig naturrein sind und deshalb in bestimmten Mengen hin und wieder bei einigen ausländischen, insbesondere englischen Bierrezepten, durchaus verwendet werden können und sollen.

Es entspricht zwar nicht dem Reinheitsgebot, aber bei den eigenen Brauversuchen darf ruhig einmal mit naturreinen Rohstoffen experimentiert werden, weil diese durchaus geschmackspositive Aspekte einbringen.

obergärig – untergärig
Die entsprechenden Hefezellen setzen sich bei diesen Hefearten in einer Schicht auf der Bieroberfläche ab = obergärig oder sinken auf den Boden ab = untergärig.

Bierarten

Die übergeordnete Definition der Biere in Bierarten ist recht einfach und unkompliziert, da es nur zwei Möglichkeiten gibt. Grundsätzlich unterscheidet man weltweit auf Grund der verwendeten Hefe zwischen obergärigen und untergärigen Bieren.

Biergattungen

Hier wird beziehungsweise wurde bisher nach dem Stammwürzegehalt (= Extraktgehalt der Würze in Prozent) vor der Gärung in Bezug auf Steuerklassen unterschieden.

Unterscheidung der Biergattungen einst

Steuerklasse	Stammwürzegehalt
Einfachbier	2– 5,5 %
Schankbier	7– 8,0 %
Vollbier	11–14,0 %
Starkbier	16 % und mehr

So genannte „Lückenbiere" (zum Beispiel 5,6 – 6,9 % oder 8,1 – 10,9 %) waren wegen befürchteter Steuermanipulationen nicht zulässig.

Unterscheidung der Biergattungen heute

Derzeit erhebt der Staat die Biersteuer nach ***Grad Plato*** beziehungsweise je Prozent Stammwürze, ignoriert also die Nachkommastellen und bietet somit die Möglichkeit auch Biere „zwischendrin" zu brauen. Allerdings müssen kommerzielle Biere auf ihren Etiketten den Alkoholgehalt (in Vol.-%) und nach Möglichkeit auch die biersteuerrelevante Stammwürze (zum Beispiel P 11) oder auch den tatsächlichen Stammwürzegehalt (zum Beispiel P 11,6 %) ausweisen. Damit der Endverbraucher aber nicht doch etwa übervorteilt wird, bestimmt das neue Biersteuergesetz (seit 01.03.1993) Mindestgehalte für die Stammwürze spezieller Biere (Biersorten).

Üblicherweise wird der Hobbybrauer dazu tendieren, ein Bier mit einem Stammwürzegehalt von 11 bis 14 % zu brauen. Dieses Bier entspricht der gewohnten Norm und ermöglicht ausreichende Braumöglichkeiten mit Alkoholgehalten von etwa 3,5 bis 5,5 Vol.-%.

Mindeststammwürzegehalte	
Biersorte	**Stammwürzegehalt**
Lagerbier	10 %
Pils, Dunkel, Hell	11 %
Export	12 %
Märzen, Festbier	13 %
Bockbiere	16 %

Biertypen und Biersorten

Neben der relativ einfachen Gliederung in Bierarten unterscheidet man oftmals auch noch nach Biertypen, deren ursprüngliche Merkmale gebietsbezogen sowie von der Wasserqualität, der Hopfenmenge, dem Vergärungsgrad und dem Malzcharakter abhängig waren. Diese Angaben sind heute jedoch nur noch zuordnungstechnisch interessant, da selbst in München kaum noch jener Münchner Biertyp gebraut wird. Und auch in Dortmund, wie fast überall, überwiegt mit einem über 80-Prozent-Anteil der Pilsener Biertyp.

Biertyp	Malzcharakter	Wasser	Hopfengabe	Vergärungsgrad
Pilsener (Pils)	extrem hell	extrem weich	sehr hoch	sehr hoch
Münchner	hell oder dunkel	mittelhart	gering	niedrig
Dortmunder	hell	hart	hoch	hoch

Ein weiterer erwähnenswerter Biertyp ist der „Wiener" mit mittelfarbigem Malz im Stil eines Märzen.

Die Gärungsmethode

Die Art und Weise, wie das Bier vergoren wurde, stellt eine letzte, sehr konkrete Zuordnungsmöglichkeit des Bieres zu den einzelnen Biersorten dar. Zu den obergärigen Biersorten zählen: Weizen, Weizenbock, Weizendoppelbock (sowohl kristallklar als auch hefetrüb), Berliner Weiße, Malzbier, Alt, Kölsch, Stout, Porter und Ale, wobei die drei letztgenannten Sorten hauptsächlich im Ausland gebraut werden.

Zu den untergärigen Biersorten zählen: Export, Pils (Pilsener), Lager, Dunkles, Helles, Märzen, Bock, Doppelbock, Eisbock, Rauchbier, Diätbier sowie alkoholfreie und auch alkoholarme Biere.

Braustoffe

Malz, Wasser, Hopfen, Hefe & Co.

Reine Inhaltsstoffe

Das Hauptaugenmerk ist besonders auf die Ingredenzien gemäß des Reinheitsgebotes – Malz, Hopfen, Wasser und Hefe – gerichtet. Natürlich gehen wir aber auch auf einige naturreine Ersatz- und Zusatzbraustoffe ein, die beispielsweise bei ausländischen Bierrezepturen Anwendung finden.

Malz und Mälzen

Aussagen wie „Gut Malz brauet gut Bier“ oder auch „Malz ist der Körper des Bieres“ spiegeln, auch wenn Jahrhunderte dazwischen liegen, deutlich wider, wie wichtig gutes Malz für die Bierherstellung ist.

Gerste oder Weizen?

Und eben solches Malz gewinnt man in erster Linie aus Gerste, einer allgemein und weithin bekannten Getreideart. Die Gerste nämlich, und zwar nur die zweizeilige, hochwertigere Sommergerste, welche man beispielsweise an ihren nickenden Ähren erkennt, liefert gegenüber anderen Getreidesorten das beste Malz zum Brauen.

Während der Weizen lediglich anteilmäßig (bis zu 70 %) und nur für einige bestimmte obergärige Biere, wie zum Beispiel Weizen- und Weißbiere, verwendet wird, gibt die Gerste ihren „Körper“ mehr oder weniger an alle Biere ab. Hierfür ist gerade die Sommergerste auf Grund ihres hohen Stärkeanteils, ihres geringen Eiweißgehaltes sowie ihrer Feinspelzigkeit und hohen Keimenergie besonders gut geeignet.

TIPP

Für das Brauen zu Hause ist das „Selbermälzen“ eigentlich kein Thema, da es ein recht aufwendiger und umständlicher Vorgang ist. Nutzen Sie daher die Lieferdienste des Heimbrauer-Fachhandels und beschaffen Sie sich über diese bereits braufertiges Malz.

Vorbereitung des Getreides – das Mälzen

Für das Brauen muss das Getreide jedoch noch entsprechend vor- und aufbereitet werden. Dies geschieht durch das so genannte Mälzen, welches allerdings kaum noch in den Brauereien selbst, sondern in den meisten Fällen in einer eigenständigen Mälzerei geschieht.

Durch das Mälzen wird der Grundstein für einen optimalen Brauvorgang gelegt – denn durch das Mälzen werden teilweise bereits Stoffe verbraucht, die das Brauen und das fertige Bier beeinträchtigen würden. Gleichzeitig werden wichtige Stoffe gelockert und gelöst. Im Speziellen bewirkt das Mälzen die Bildung von Enzymen (Katalysatoren), welche beim späteren Maischen die notwendigen biochemischen Vorgänge, sprich Stoffumwandlungen, von Stärke in Zucker bezwecken. Der Mälzvorgang selbst lässt sich in sechs Schritte unterteilen:

Mälzvorgang

INFO

Auch bei Bierrezepten für den Hobbybrauer wird immer häufiger die Gesamtfarbe in EBC angegeben, woran recht einfach der mögliche Farbton des späteren Bieres zu erkennen ist.

Vorreinigen, Trocknen und Lagern der Gerste

Die angelieferte Gerste wird grob von Staub, Grannen, Spelzen und sonstigen Fremdstoffen gereinigt. Danach muss sie auf Grund der heute üblichen Frühernten getrocknet und dadurch lagerfähig gemacht werden.

Putzen und Sortieren

Nun findet eine weitere Reinigung, die Hauptreinigung statt, welche die Gerste gezielt von den bereits erwähnten Fremdstoffen befreien soll. Danach wird die Gerste in gleiche Körnergrößen sortiert, um Mischungen zu erzielen, die den Malzkontrakten mit den Abnehmern (Brauereien) gerecht werden.

Weichen

Im Lagerstadium hat die Gerste zu wenig Eigenwassergehalt, um die Keimbedingungen zu erfüllen. Deshalb wird ihr beim Weichen das nötige Vegetationswasser von außen zugeführt. Außerdem dient der Weichvorgang der Sauerstoffversorgung des Weichgutes und einer zusätzlichen Reinigung der Gerste.

Keimen

Durch das vorangegangene Weichen erwacht das Gerstenkorn zum Leben, was man äußerlich durch die Entwicklung der Keime feststellen kann. Die für das Bierbrauen wichtigeren Vorgänge (Stoffverbrauch und Stoffveränderungen) finden allerdings im Korninneren statt und sind durch das Nahrungsbedürfnis des Keimlings bedingt. Insbesondere werden Enzyme (Katalysatoren) gebildet, die Stoffwechselvorgänge bewirken, sowohl während der Keimung (durch Abbau hochmolekularer Reservestoffe) als auch beim späteren Maischvorgang, durch

Umwandlung der Stärke in Zucker. Die Enzyme bewirken beim Maischen, dass Eiweiß, Fett und Zellwände und hier besonders Stärke, abgebaut wird, indem sie als a-Amylase (Alpha-Amylase) und b-Amylase (Beta-Amylase) die Stärke in vergärbare und weniger beziehungsweise nicht vergärbare Zucker umwandelt. Das Produkt am Ende des Keimvorganges nennt man *Grünmalz.*

Darren

Darren bedeutet nichts anderes als das Trocknen des Grünmalzes durch Hitze, wodurch ihm Wasser entzogen und ein Wachstumsstop (Keimabbruch) bewirkt wird, die gebildeten Enzyme jedoch erhalten bleiben. Durch die Darrdauer wird außerdem die Malzfarbe bestimmt, die international mit ***EBC***-Einheiten beziffert wird. Je höher die EBC-Zahl, desto dunkler das Malz.

EBC
[engl.] European Beer Colour. Gibt die Bierfarbe an.

Abkühlung, Entkeimen und Lagern

Um das Zufärben und eine Enzymschädigung des Darrmalzes zu verhindern, muss eine gezielte Abkühlung erfolgen. Danach müssen die Malzkeime entfernt werden, da diese dem Bier einen bitteren Geschmack verleihen würden. Nun muss das Darrmalz noch mindestens vier Wochen lagern, bis die Enzyme wieder optimal arbeiten. Dann erst ist die gemälzte Gerste als Braumalz verwendbar.

TIPP

Auch beim Thema Schroten empfehlen wir den professionellen Fachhandel, welcher inzwischen gegen geringen Aufpreis das Braumalz frisch geschrotet liefert und somit dem Hobbybrauer nicht nur Zeit erspart, sondern auch eine „staubige Tätigkeit" abnimmt.

Schroten

Bevor das Malz allerdings verbraut werden kann, muss es geschrotet – zerkleinert werden. Für das Brauen zu Hause reichen dazu beispielsweise handelsübliche Kaffeemühlen (mit Handkurbel), Mixer oder ähnliche Geräte. Eine spezielle Kornmühle wäre natürlich optimal. Wichtig ist, beim Schroten das Korn nur grob aufzubrechen, wodurch der Inhalt für die Weiterverarbeitung freigelegt wird, ohne dass dabei die Außenhüllen (Spelzen), die später beim Abläutern als natürlicher Filter dienen, übermäßig zerstört werden. Zu feines Schroten wäre dem Brauprozess also nicht dienlich.

links: geschrotetes Gerstenmalz; rechts: geschrotetes Weizenmalz.

Malzsorten

TIPP

Überschüssiges, bereits geschrotetes Braumalz, sollte in gut verschließbaren, trockenen und luftdichten Behältern (zum Beispiel Kunststoffeimer, -beutel) aufbewahrt und danach möglichst innerhalb acht Wochen verbraut werden, da sonst die Brauqualität des Malzes zu stark abnimmt.

Mit der Beschreibung der Malzsorten, Spezialmalze und Ersatzstoffe erhalten Sie gleichzeitig Angaben über deren optimalen Schüttungsanteile. Der Begriff Schüttung bezeichnet den Anteil eines oder auch mehrerer Malze (auch -extrakte) sowie eventueller Ersatzstoffe, welche für einen bestimmten Stammwürzegehalt nötig sind.

Gerstenmalz, ob hell, dunkel oder gemischt, kann als einziges Malz mit einer 100-Prozent-Schüttung gebraut werden. Andere Malze wie Weizenmalz, manchmal auch solche aus Roggen, Dinkel (Emmer) oder Ersatzstoffe, wie Mais und Reis etc., sind stets auf die Unterstützung des Gerstenmalzes angewiesen. Denn nur das Gerstenmalz besitzt die besonders aktiven Enzyme, die eine optimale Stärkeumwandlung beim Maischen bewirken. Ausnahme: »Goslaer Gose wird aus 100 % Weizenmalz gebraut.

Hauptmalze aus Gerste

Pilsner Malz (2,5 bis 4 EBC)
Extra helles Gerstenmalz für Pilsner Biere im Besonderen, aber auch als Beimischung für jeden sonstigen Biertyp geeignet.
Schüttung: bis zu 100 %.

Wiener Malz (5 bis 8 EBC)
Helles Gerstenmalz für Märzenbiere oder auch Festbiere mit goldfarbener Optik und angenehmer Vollmundigkeit.
Schüttung: bis zu 100 %.

Sommergerste

Münchner Malz (13 bis 15 oder 20 bis 25 EBC)
Leicht dunkles (auch als helles Münchner bezeichnet) bis dunkles Gerstenmalz für entsprechende Biere, wie Festbiere, Starkbiere und Malzbiere. Unterstreicht den typischen Biercharakter durch verstärktes Aroma.
Schüttung: ca. 85 % (Rest andere Malze).

Rauchmalz (ca. 5 EBC)
Eigentlich ein Spezialmalz, aber auf Grund der möglichen Schüttung hier behandelt. Vorrangig ein helleres Spezialmalz aus Gerste für Rauchbiere, Kellerbiere und eigene Bierspezialitäten. Rauchmalz wird nach dem Mälzen geräuchert, was

Pilsner Malz, Wiener Malz Münchner Malz Rauchmalz Malzextrakt (v.l.n.r.).

ihm den typischen Rauchgeschmack verleiht. Es kann auch für gebietsbezogene Spezialbiere (Fränkische Rauchbiere) verwendet werden.
Schüttung: bis zu 100 %, allerdings nicht unbedingt zu empfehlen, da der Rauchgeschmack zu stark wird.

Malzextrakt (3 bis 1000 EBC)
Besteht überwiegend aus Gerste, aber auch aus Weizen und reicht von „extra hell“ über „hell“ und „bernstein“ bis „stark dunkel". Malzextrakt ist meist (zäh-)flüssig, jedoch auch pulverisiert erhältlich. Es muss nicht mehr gemaischt werden, da der Maischvorgang abgeschlossen und die Bierwürze bereits entstanden ist, welche anschließend extrahiert wurde. Malzextrakte können somit sofort zum Würzekochen (Hopfenkochen) eingesetzt werden.
Schüttung: bis zu 100 % beim Gerstenmalzextrakt, bis 70 % beim Weizenmalzextrakt.

Sondermalze

Sondermalze sind Braumalze zur Herstellung von speziellen, hauptsächlich obergärigen Bieren, deren Grundstoff nicht Gerste ist. Das Weizenmalz ist wohl der bekannteste und wichtigste Vertreter dieser Gruppe und kann im Prinzip ebenfalls schon fast als „Hauptmalz“ betrachtet werden.

INFO

Das Extrahieren (Eindicken/Konzentrieren) des Malzes erfolgt durch ein spezielles Kochverfahren. Der professionelle Einsatz von Malzextrakten entspricht zwar dem Reinheitsgebot, wird aber mehr im Ausland praktiziert. Dem Hobbybrauer stehen mit Malzextrakten jedoch alle Braumöglichkeiten offen. Besonders geeignet ist Malzextrakt immer dann, wenn beispielsweise die Stammwürze nach oben korrigiert oder die Bierfarbe vor Gärbeginn beeinflusst werden soll.

Weizenmalz (links) Roggen und Dinkel (Emmer)

Sommerweizen

Weizenmalz (2 bis 4 oder 15 bis 17 EBC)
Helles bis dunkles Weizenmalz für Weizenbiere, Kölschbiere, Altbiere sowie andere obergärigen Schank- und Leichtbiere. Weizenmalz fördert das typisch obergärige Aroma, unterstreicht den Weizengeschmack und erzielt spritzige Biere. Schüttung: bis zu 70 % (Rest Gerstenmalz).

Sonstige
Vollständigkeitshalber sind auch Roggen und Dinkel (Emmer) zu erwähnen, welche für einige wenige Spezialbiere verbraut werden.

Spezialmalze

Solche Malze und Stoffe – mit nur geringem Schüttungsanteil – beeinflussen Farbe, Geschmack, Vollmundigkeit, Schaumverhalten sowie Säureverhältnisse und Stabilität des Bieres. Die Zugabe erfolgt mit der Hauptschüttung beim Maischverfahren. Bei der Extraktbrauweise werden sie während des Kochens bei etwa 40 °C zugegeben und bei etwa 95 °C wieder entnommen.

Caramalz
Dieses besondere Malz ist ein in einer Rösttrommel verzuckertes (karamelisiertes) Darrmalz, dessen Enzyme durch diesen Vorgang weitgehendst zu Grunde gehen. Es dient der Schaum-

Die Spezialmalze: Carapils, Carahell, Caramünch und Farbmalz (Röstmalz).

verbesserung, hebt die Vollmundigkeit, intensiviert das Malzaroma und erzielt sattere Bierfarben. Caramalz wird hauptsächlich aus Gerste hergestellt, aber auch aus Weizen.

Caramalze	Verwendung und Schüttungsanteile
Carapils (3 – 5 EBC)	Für Leicht- und einige Pilsbiere. Schüttung: 3-5 %.
Carahell (20 –3 0 EBC)	Für helle Biere, Festbiere und Spezialbiere Schüttung: 10-15 %.
Caramünch (80 – 100 EBC, 110 – 130 EBC, 140 – 150 EBC)	Für dunkle Biere, Malzbiere, Schank-, Nähr- und Leichtbiere. Schüttung: 3-10 %.

TIPP

Mit Carahell oder Carapils können Sie fast alle Biere abdecken. Fehlende Farbe gleichen Sie durch Zugabe von Farbmalz aus.

Farbmalz/Röstmalz (1300 bis 1500 EBC)
Angefeuchtetes und in der Drehtrommel auf über 200 °C erhitztes helles Malz. Es wird hauptsächlich aus Gerste, aber auch aus Weizen (dann nur für obergärige Biere), deren Enzyme vollständig vernichtet sind, gewonnen. Farbmalze können Bieren eine bestimmte Farbtiefe geben, die allein durch dunkles Braumalz nicht erzielt werden kann. Außerdem intensiviert es das typische Aroma dunkler Biere und wird gerne für Stark-, Alt- und Bockbiere eingesetzt.
Schüttung: 1 bis 5 % (sonst zu brenzliger Geschmack).

WIE FARBE INS BIER KOMMT

Als Faustregel gilt: Wenn die Bierfarbe um 1 EBC-Einheit dunkler werden soll, muss je 10 l Ausschlagwürze („fertiges Bier") ca. 1,5 g geschrotetes Farbmalz zugegeben werden. Bei Verwendung von ungeschrotetem Farbmalz, sollte die Zugabe um etwa 10 bis 20 % erhöht werden. Die Zugabe erfolgt beim Maischverfahren etwa 10 bis 20 Minuten vor dessen Ende. Beim klassischen Extraktverfahren erfolgt die Zugabe z. B. im Mousselin-Säckchen während des Würzekochens (bei etwa 40 °C) und wird kurz vor Kochbeginn, bei 90° bis 100 °C, wieder entnommen.

Sauermalz

Hierbei handelt es sich um Braumalz, welches einem Einweichprozess unterzogen wurde, mit dem Ergebnis einer kräftigen Säuerung, durch welche das Malz milchsäurereich wird. Durch seine Zugabe zur Schüttung wird beim Maischen eine Säuerung, also Verringerung des Würze-pH-Wertes erzielt, und die ungünstige Wirkung der Karbonathärte vermindert, wodurch man eine gute Enzymtätigkeit beim Maischen sowie eine Intensivierung der nachfolgenden Gärung erreicht. Sauermalz ist somit die nahezu perfekte Lösung bei zu hartem Brauwasser. Sauermalz wird hauptsächlich für die Herstellung heller Biere verwendet, da sich die Enzyme dunkler Biere ganz gut mit härterem Wasser und etwas höheren pH-Werten vertragen.

Schüttung: 1 bis 5 %.

Der ideale pH-Wert der Maische von 5,4 bis 5,8 lässt sich bei hartem Brauwasser durch die Zugabe von Sauermalz erreichen.

Von links oben nach rechts unten: Brühmalz, Diastasemalz, Spitzmalz und Sauermalz. Diese Spezialmalze haben für den Hobbybrauer nur sehr geringe Bedeutung und werden außer dem Sauermalz hauptsächlich von großen Brauereien eingesetzt.

Zusatzstoffe

Unter Zusatzstoffen versteht man zur Bierherstellung verwendete naturreine Substanzen, die im Großen und Ganzen allerdings nicht dem Reinheitsgebot entsprechen.

Zuckercouleur

Zucker wird durch vorsichtiges Erhitzen (in einer Pfanne oder einem Tiegel) zum Schmelzen gebracht, dunkel gebräunt und mit Wasser verflüssigt. Die so gewonnene Substanz wird zum Färben von hauptsächlich obergärigen Bieren verwendet. Außerdem bringt sie noch einen leicht karamelartigen Geschmack ein. Gleiches erreichen Sie allerdings auch mit der Zugabe von Farb- und Caramalz. Zuckercouleur kann direkt beim Würzekochen (kurz vor Ende) zugegeben werden.

Laktose (Milchzucker)

Hierbei handelt es sich um einen aus Kuhmilch gewonnenen Zucker, der von den Bierhefen nicht vergärt wird und sich somit besonders zum Experimentieren eignet. In einigen, hauptsächlich englischen Bierrezepten, wie beim Milk Stout, ist Milchzucker fester Bestandteil. Laktose verleiht dem Bier eine besonders „süffige" Note und kann eine vor dem Abfüllen rechtzeitig erkannte Überhopfung entschärfen.

Vom Charakter her passt Milchzucker eher zu dunklen bis schwarzen Bieren. Die Zugabe sollte allerdings nicht mehr als maximal 15 % des Schüttungsgewichtes betragen und einfachheitshalber beim Abfüllen, nach Abschluss der Hauptgärung, erfolgen. Lösen Sie den Milchzucker hierzu in 0,5 bis 1,0 l entnommener, leicht angewärmter Würze. Danach geben Sie diesen Ansatz wieder in den Hauptsud zurück und rühren alles sehr vorsichtig unter. Vor dem Abfüllen sollten Sie den Sud noch etwa 1 bis 2 Stunden ruhen lassen, damit sich die aufgewirbelte Hefe wieder absetzen kann.

Zusatzstoffe: Zuckercouleur (links) und Milchzucker (Laktose).

INFO

Einige der hier vorgestellten, naturreinen Ersatzstoffe betonen beziehungsweise heben bestimmte Biereigenschaften hervor. Daher sind sie auch für den Hobbybrauer interessant. Ihr Schüttungsanteil sollte allerdings nicht mehr als 25 % betragen, bei Zuckerzugabe als Ersatzstoff maximal 40 %.

Ersatzstoffe

Die Bezeichnung sagt es bereits. Braumalz kann und wird teilweise durch andere stärkehaltige Stoffe und Getreide ersetzt. Das „Deutsche Reinheitsgebot" untersagt den Einsatz von Ersatzstoffen, während im Ausland dagegen oftmals darauf zurückgegriffen wird, weil diese meist günstiger als reines Braumalz sind. Ganz können diese Stoffe das Malz natürlich nicht ersetzen, weil auch sie auf die gute Enzymtätigkeit des Gerstenmalzes beim Maischen und Gären angewiesen sind. Trotzdem sind immerhin Zugaben von bis zu 50 % (beispielsweise Mais bei einigen us-amerikanischen Bieren) möglich, jedoch nicht die Regel.

Zucker

Zucker ist der einzige naturreine Ersatzstoff, der im Prinzip das Braumalz voll ersetzen könnte. Wollen Sie Zucker zugeben, empfiehlt sich der stets griffbereite Haushaltszucker (aus Zuckerrüben oder Zuckerrohr), welcher auch als Saccharose bezeichnet wird. Dabei sollten allerdings die Schüttungsanteile bei gemaischten Bieren maximal 25 %, bei Bieren nach der Extraktbrauweise höchstens 40 % betragen. Höhere Zuckergaben sind zwar möglich, aber aus geschmacklichen Gründen nicht zu empfehlen.

Selbst im reinheitsverwöhnten Deutschland ist Zucker für bestimmte obergärige Biere zugelassen. Allerdings nur nördlich des so genannten „Weißwurstäquators", genauer gesagt außerhalb Bayerns und Baden-Württembergs.

Beim *Maischverfahren* und beim *klassischen Extraktverfahren* wird der Zucker kurz vor Kochende (vor dem Ausschlagen) zugesetzt. Beim *einfachen Extraktverfahren*, bei welchem das Kochen ganz entfällt, wird der Zucker in 2 bis 3 l heißem Wasser aufgelöst und mit dem sich bereits im Gärbehälter befindenden Malzextrakt vermischt. Erst danach sollte mit Wasser aufgefüllt werden. Bei allen Varianten wird somit erreicht, dass ein „heißer" Zucker-Enzyme-Kontakt entsteht, der sich positiv auf den gesamten Gärprozess auswirkt.

Zucker zum Stammwürzeausgleich

Vor Zugabe der Hefe kann Zucker auch zum Stammwürzeausgleich verwendet werden. Dies geschieht dann, wenn die Würze nicht die gewünschten Stamm-Prozente aufweist, weil entweder beim Maischen die Haupt- und Nachgüsse zu hoch bemessen waren und während des Kochens nicht genügend Flüssigkeit verdampfte oder wenn beim Extrakt-Verfahren ebenfalls mit zu viel Wasser gearbeitet wurde.

Zucker als Nachgärhilfe

Auch bei der Nachgärung des Jungbieres in Flaschen oder Fässern kann man teilweise Zucker zur besseren CO_2-Bildung zugeben. Hauptsächlich dann, wenn die Hauptgärung zu weit fortgeschritten ist, und der richtige Abfüllzeitpunkt verpasst wurde.

Auch Zucker benötigt die Enzyme des Malzes, ob in Form von gemaischter oder extrahierter Bierwürze, ohne sie kommt eine optimale Gärung nicht zu Stand.

Rohfrucht und verkleisterte Rohfrucht

Mit Rohfrucht bezeichnet man beispielsweise Mais, Reis, Hafer und Gerste in ihrem Originalzustand. Ihre Bestandteile wurden noch nicht durch ein Maischverfahren gelöst, die Zellwände sind intakt und es hat noch keine Verkleisterung (Gelatinebildung) des Korninhaltes (Kornstärke) stattgefunden. Um eine Verkleisterung zu erreichen, wird die Rohfrucht gekocht, dadurch verkleistert und enzymaktiviert, um dann beim Maischen leichter verzuckert werden zu können. Die Verarbeitung von Rohfrucht ist für den Hobbybrauer ziemlich umständlich. Möchten Sie solche Ersatzstoffe einbeziehen, bietet der Fachhandel bereits vorverkleisterte Frucht in Flockenform an. Diese können Sie dann abhängig vom Brauverfahren direkt ab Verzuckerungsrast mitmaischen (siehe Seite 78–86) oder auch beim Kochen zufügen.

Beim klassischen Extraktverfahren …
… müssen vorverkleisterte Flocken beim Würzekochen (bei etwa 40 °C) zugegeben, mitgekocht und kurz vor dem sprudelnden Kochen der Würze (bei 90 bis 100 °C) wieder entnommen werden. Die Zugabe und Entnahme der vorverkleisterten Getreideflocken erleichtern Sie sich dadurch, dass Sie sie in Mousselinsäckchen verpackt in den Sud geben, und so eine spätere Filtrierung umgehen.

Maisflocken
Zur Herstellung heller Biere. Ihre Zugabe wirkt sich auch positiv auf die Trübung von Bieren aus und verleiht diesem bei höherer Dosierung eine leicht süßliche Note, wie man sie oft bei amerikanischen Bieren findet.
Schüttung: maximal 25 %, eher darunter.

Gerstenflocken
Sie wirken sich positiv auf die Vollmundigkeit aus und verbessern die Schaumhaltbarkeit. Bei zu hohen Zugaben besteht die Gefahr, dass Trübungen auftreten. Deshalb sollte der Schüttungsanteil bei hellen Bieren nicht höher als 5 bis 6 % sein. Bei dunklen und hefetrüben Bieren fällt dieser Umstand kaum ins Gewicht.
Schüttungsanteil: maximal 20 %.

Von links nach rechts: Vorverkleisterte Maisflocken, Gersteflocken, Haferflocken und Reisflocken.

Haferflocken

Die Zugabe von Haferflocken sorgt für cremigen, schweren Schaum sowie gute Vollmundigkeit und verleiht dem Bier ein feines, nussiges Aroma. Sowohl für helle als auch für dunkle Biere zu verwenden.
Schüttung: maximal 20 %.

Reisflocken

Sie geben so gut wie keinen Geschmack an das Bier ab – sorgen allerdings für spritzige Biere mit trockenem Charakter, wie sie zum Beispiel in USA gebraut und teilweise als dry beer und Lagerbier vermarktet werden.
Schüttung: maximal 25%.

Wasser

Dieses Element ist wohl eines der wichtigsten Braustoffe, doch Wasser ist nicht gleich Wasser und jedes Wasser schmeckt anders. Eine Aussage, die ganz einfach zu beweisen ist, wenn Sie nacheinander Wässer aus verschiedenen Gegenden probieren. Diese Tatsache und sein 90-Prozent-Anteil am Biervolumen lässt deshalb auch gleiche Biere, bei gleicher Schüttung und Rezeptur, jedoch unterschiedlichem Wasser, stets etwas anders, vielleicht ähnlich, auf jeden Fall aber typisch für eine bestimmte Gegend schmecken.

Wasser ist mit einem etwa 90-Prozent-Anteil einer der wichtigsten Bierzutaten.

Was das Wasser hart macht

Verantwortlich für die Geschmacksnuancen ist die Tatsache, dass ursprünglich weiches Regen- und Quellwasser durch und über verschiedene Bodenschichten fließt und sich dabei mit

Einheitsbräu?
Die klassischen, einst brauwasserabhängigen Biertypen, wie Pilsner, Dortmunder und Münchner haben ihre Typisierung heute weitgehendst verloren, weil in Dortmund wie in München fast nur noch der Pilsner Typ gebraut wird.

Karbonaten (hauptsächlich Kalzium- und Magnesiumsalze) sowie Mineralstoffen anreichert, um dadurch härter zu werden. Je nachdem mit wie viel Salzen sich das Wasser auf seinem Weg verbindet, wird es hart, weniger hart oder bleibt weich, wobei allerdings Letzteres sehr gebietsabhängig ist. Wenn sich die aufgenommenen Salze mit der im Wasser befindlichen Kohlensäure verbinden, entsteht die für das Bierbrauen bedeutende Karbonathärte. Die Verbindung der gleichen Salze mit der im Wasser vorkommenden Schwefelsäure ergibt die Nichtkarbonathärte, auch Sulfathärte genannt. Sie ist nicht ganz so wichtig, weil sie den Brauvorgang vom Prinzip her nur unwesentlich beeinflusst.

Wasserhärte-Beispiel
16 °dH = 16 g Kalk pro 100 l Wasser.

Die Wasserhärte (Gesamthärte) setzt sich demnach aus Karbonathärte und Nichtkarbonathärte zusammen und wird offiziell mit °dH (Grad deutscher Härte) bezeichnet, was nichts anderes als die Menge an Kalk (in Gramm) in 100 l Wasser angibt.

Fragen Sie Ihr Wasseramt

Die Werte des Ihnen zur Verfügung stehenden Brau- beziehungsweise Leitungswassers erfahren Sie bei dem für Ihren Wohnort zuständigen Wasseramt. Erfragen Sie die Karbonat- und Nichtkarbonathärte (ergibt addiert die Gesamthärte) sowie den pH-Wert des Wassers. Die folgende Tabelle soll Ihnen einen Überblick über die gängigen Wasserhärten geben, wobei für das Brauen zu Hause eine Gesamthärte von bis zu 12 °dH noch ideal wäre. Ebenso geeignet wären höhere Wasserhärten, wenn eine Konstellation von ungefähr 1:2 bis 2,5 im Verhältnis von Karbonathärte zur Nichtkarbonathärte gegeben ist, was wiederum einen vorteilhaften pH-Wert für das Brauwasser beziehungsweise für die Enzymtätigkeit ergibt.

Wasserhärte-Tabelle

Härtebereich	1	2	3	4	5	6
Beschreibung	sehr weich	weich	mittel-hart	ziemlich hart	hart	sehr hart
Gesamthärte in °dH (Karbonat- und Nichtkarbonathärte	0–4	4–8	8–12	12–18	18–30	über 30

Sauer oder nicht sauer?

Auch der pH-Wert ist wichtig für das Brauen. Er gibt den Säuregrad des Wassers an und wird durch Art und Menge der im Wasser vorkommenden Salze bestimmt. Die Grenzwerte für Trinkwasser liegen nach der entsprechenden Bundesverordnung zwischen pH- 6,5 bis 9,5. Ein zu hoher pH-Wert (zum Beispiel über 7,0) beeinträchtigt die Enzymtätigkeit beim Maischen sowie die geschmackliche Auswirkung des Hopfens. Akzeptable pH-Werte für (Brau-)Wasser liegen im oberen Level noch unterhalb des neutralen Bereichs, also zwischen 6 bis 6,5, und nach unten im Bereich von bis zu Minimum 3,5. Das pH-Optimum zum Maischen befindet sich im Bereich von 5,4 bis 5,8, in welchem die Enzyme optimal arbeiten können. Dieser Bereich ist selbst für den Hobbybrauer, der nur hartes Wasser zur Verfügung hat, durchaus erreichbar (siehe Seite 36).

pH-Wert-Tabelle

sauer — neutral — alkalisch (laugenhaft)

◀ 1 2 3 4 5 ▲ 6 7 8 9 10 11 12 13 ▶

optimaler
pH-Bereich
beim Maischen

Einstellen von Wasserhärte und pH-Wert

Während dunkle Biere härtere Wasser vertragen und auch benötigen, verlangen helle, hopfenreiche und hochvergärende, hauptsächlich untergärige Biere genau das Gegenteil, nämlich weiches Wasser und somit auch niedere, im optimalen sauren Bereich liegende pH-Werte (siehe pH-Wert-Tabelle). Für die Einstellung dieser günstigen pH-Werte in den sauren Bereich sowie eine gewisse Wasserenthärtung haben Sie mehrere Möglichkeiten:

Braugips

Eine Möglichkeit ist die Zugabe von Braugips (Kalziumsulfat) zum Wasser, wenn nur eine geringe Korrektur des richtigen Verhältnisses von Karbonathärte zu Nichtkarbonathärte (2:2,5) notwendig ist. Die Faustregel: ½ bis 1 gestrichener Teelöffel (je nach Verhältnisgrad) pro 10 l Brauwasser. Mehr Braugips sollten Sie nicht zufügen, da sonst der Gesamtsalzgehalt erhöht, wodurch der Biergeschmack ungünstig beeinflusst würde.

INFO

Jedes Wasser mit Trinkwasserqualität kann bedenkenlos zum Brauen verwendet werden, was aber nicht bedeutet, dass der Brauvorgang optimal abläuft. Deshalb sollten Sie wissen, dass eine hohe Karbonathärte, oder auch ein hoher (alkalischer) pH-Wert, unter anderem einen niedrigeren Vergärungsgrad bewirken, wodurch Biere einen malzigeren Charakter erhalten. Auch der Hopfen kann sich bei solchen Werten geschmacklich nicht so intensiv entfalten, weshalb wiederum die Schaumbildung etwas geringer ausfällt, und die Biere weniger bitter schmecken.

INFO

Beim Brauen mit Malzextrakt, wo der Maischvorgang entfällt, weil er bereits im Produkt integriert ist, fällt das Wasserproblem weniger ins Gewicht. Höchstens dann, wenn man den Gärprozess (höherer Vergärungsgrad) oder die Hopfenintensität inklusive Schaumbildung beeinflussen möchte.

Sauermalz

Bei größerem wie auch geringerem Korrekturbedarf des Karbonat-/Nichtkarbonatverhältnisses und bei zu hohem (neutralalkalischem) pH-Wert empfiehlt sich als recht einfache Alternative eine Beimischung von Sauermalz zur Maische. Ideale Werte erreichen Sie in etwa durch nachfolgende Sauermalzzugaben zur (und bezogen auf die) Gesamtschüttung:

4 bis 5 % bei sehr hartem Wasser;
2,5 bis 3,5 % bei ziemlich hartem bis hartem Wasser;
1,5 bis 2 % bei mittelhartem Wasser.

Zu hohe Beimischungen würden den pH-Wert wiederum zu weit in den sauren Bereich verschieben, so dass auch in diesem Fall die Enzyme nicht wie gewünscht reagieren könnten.

Hopfen

Der Hopfen (eigentlich männlich) ist die Seele des Bieres, aber nur wenn er weiblich ist. Ein Widerspruch, der sich dadurch erklärt, dass von der zweigeschlechtlichen Pflanze nur die weiblichen, unbefruchteten Blüten zum Bierbrauen taugen, weil eben nur jene die notwendigen (Bitter-)Stoffe einbringen, welche das Bier geschmacklich zu dem machen, was es ist.

Obwohl Hopfen kein urdeutsches Gewächs ist, ging der Impuls als zukünftige und unverzichtbare Bierzutat vermutlich von der Gegend um Weihenstephan zwischen dem 9. und 11. Jahrhundert aus in alle Lande und schließlich rund um den Globus. Andere Quellen nennen Klöster aus Brabant unter der Regentschaft des Brabanter Königs Gambrinus als „Erfinder“ der Hopfenzugabe. Der Hopfen kam übrigens mit den Wenden aus der Tschechei.

Der Hopfen brachte den leicht bitteren Geschmack ins Bier.

Mit dem Hopfen kam der einzigartige, mehr oder weniger bittere Geschmack ins Bier, den die Bierliebhaber in aller Welt so schätzen. Zudem sorgen die Hopfeninhaltsstoffe für eine längere Haltbarkeit von Bieren, beeinflussen positiv die Schaumbildung und stabilisieren den gesamten Brauprozess. Lauter optimale Voraussetzungen, um sich später im Reinheitsgebot einen festen Stammplatz zu sichern. So geschehen am 23. April 1516.

LEGENDE ODER WAHRHEIT?

Brabanter Mönche sollen als erste Braumeister den Segen des Hopfens erkannt haben. Daher rührt auch eine Legende, die fälschlicherweise dem Brabanter König Gambrinus die Erfindung des Bieres zuschreibt: „Im Leben ward ich Gambrinus genannt, König zu Flandern und Brabant. Ich hab aus Gersten Malz gemacht und das Bierbrauen zuerst erdacht. Drum können die Brauer sagen, dass sie einen König zum Meister haben." Noch heute wird Gambrinus als Schutzpatron der Brauer verehrt.

Hopfen und Hopfenprodukte

Der Hopfen zählt zur Familie der Hanfgewächse und ist eine zweihäusige Pflanze, das heißt an einer Pflanze befinden sich entweder nur männliche oder nur weibliche Blüten. Für das Bier sind allerdings nur die weiblichen Pflanzen von Bedeutung, da nur sie Dolden bilden, die später aus den Blüten entstehen. Diese Dolden bestehen aus vielen kleinen Blättern und an den unteren Enden der so genannten Vorblätter befinden sich taschenartige Falten, in denen innen das Lupulin, die für den Brauer interessanten Bitterstoffe, sitzen.

Speziell in Süddeutschland findet man ausgedehnte Hopfenfelder.

Bittere Alpha-Säuren

Diese Bitterstoffe bezeichnet man auch als Hopfenharze, von denen den Alpha-Säuren die wohl größte Bedeutung in der Bitterwirkung zukommt. Je nach Sorte findet man diese Alpha-Säuren in einer Konzentration von 2 bis 15 oder gar 16 %. Dies hängt davon ab, ob es sich um Aroma- oder Bitterhopfen handelt.

Die Alpha-Säuren werden während des Würzekochens einem Isomerisierungsprozess unterworfen, wobei durch eine Umwandlung der chemischen Struktur die wasserlöslichen und bitter schmeckenden Iso-Alpha-Säuren entstehen.

Hopfenaroma

Neben der Bitterwirkung spielt natürlich auch das Hopfenaroma eine ganz große Rolle. Speziell der Einsatz von Aromahopfen zu einem späteren Zeitpunkt des Würzekochens soll die wertvollen Aromastoffe in die Bierwürze überführen und ihr zum typischen Geschmack verhelfen.

INFO

Neben dem typischen Aroma und den positiven Einflüssen auf Haltbarkeit und Schaumbildung bleibt noch die sedative und hypnogene Wirkung des Hopfens zu erwähnen. Dieser Eigenschaft verdankt es der Hopfen, dass er auch in der Pharmazie Anwendung findet.

Einfluss auf Haltbarkeit und Schaumbildung

Außer für Bittere und Aroma zeigt der Hopfen eine Reihe weiterer positiver Eigenschaften im Brauprozess. Die Gerbstoffe sind zum einen für die Eiweißausscheidung beim Würzekochen zuständig und besitzen im fertigen Bier eine reduzierende Wirkung, was bedeutet, dass der in der Flasche vorkommende Restsauerstoff aufgezehrt wird. Hopfen bewirkt ebenfalls eine Schaumverbesserung, wofür die Iso-Alpha-Säuren verantwortlich sind.

Pellets aus getrocknetem Hopfen

Um beim Brauen bessere Bitterstoffausbeuten zu erzielen und den Einsatz des Hopfens zu erleichtern, werden aus den Hopfen verschiedene Produktarten hergestellt. Dem Naturhopfen am nächsten kommen hier die *Pellets Typ 90.* Bei deren Herstellung wird der getrocknete Hopfen zunächst zu Pulver vermahlen sowie anschließend zu Pellets gepresst und befindet sich damit in einem rieselfähigen Zustand. Die Bezeichnung Typ 90 rührt daher, dass man bei deren Verarbeitung eine Mengenausbeute von 90 bis 95 %, bezogen auf den Naturhopfen, erhält. Der Gewichtsverlust bei der Herstellung entsteht durch das Nachtrocknen des Hopfens sowie durch die Entfernung von Fremdgut wie Stengel, Erdklumpen usw.

Ein weiteres Pulverprodukt sind die *Konzentrat-Pellets* (zum Beispiel Typ 45). Wie der Name bereits aussagt, werden hier die Bitterstoffe angereichert. Durch ein mechanisches Trennverfahren wird dem Hopfenpulver der Doldenblattanteil entzogen. Dadurch erhöht sich der Lupulinanteil und die Hopfenbitterstoffe können so auf mehr als das Doppelte angereichert werden.

Bitterstoffanreicherung beim Extraktverfahren
Neben der eben beschriebenen mechanischen Anreicherung ist es bei der Extraktion durch den Einsatz von Lösungsmitteln möglich, die Bitterstoffe auf das etwa Fünffache anzureichern. In Deutschland kommen nur die natürlichen Lösungsmittel Alkohol und CO_2 zum Einsatz.

Einsatz und Zugabe von Hopfen

Die Hopfengabe, in ein oder mehreren Zugaben, erfolgt mit Ausnahme von Iso-Flüssighopfen grundsätzlich beim Würzekochen (Hopfenkochen). Die Hauptgabe (60 bis 70 %) oder die Einmal-Gabe (100 %) findet immer zu Beginn des Kochens statt, ungefähr 10 Minuten nachdem die Würze zu kochen begonnen hat. Hierfür wird hauptsächlich Bitterhopfen mit höherem Alpha-Säure-Wert verwendet.

Aromahopfen immer erst am Kochende zufügen.
Eine weitere Zugabe folgt in Form von Aromahopfen (30 bis 40 %) meist kurz vor Kochende (etwa 15 bis 20 Minuten davor), wodurch das Bier ein hopfenintensives Aroma erhält. Damit wirkt man der Tatsache entgegen, dass sich die für das Aroma zuständigen Hopfenöle während des vorangegangenen Kochens weitgehendst verflüchtigen und ein so gebrautes Bier hauptsächlich einen fein bitteren Charakter mit weniger Hopfenaroma aufweisen würde.

INFO

Der Alpha-Säure-Wert des Bitterhopfens ist höher als der des Aromahopfens. Deshalb wird der Aromahopfen erst am Ende der Kochzeitzugegeben.

Zwischendurch wird dem Bier teilweise auch noch eine dritte oder vierte Hopfengabe verabreicht. Hier können Sie nach Belieben ausprobieren und testen, was Ihrem Geschmack am nächsten kommt. Ansonsten gelten die Angaben in den Bierrezepten ab Seite 90.

Richtwerte für die Zugabe von Hopfen	
Weizenbiere	10 – 15 g/10 l Bier
sonstige Biere	20 – 40 g/10 l Bier
höhere Hopfengabe bei	hellen Bieren, hoher Stammwürze, weichem Wasser, hohem Vergärungsgrad, ängerer Lagerdauer
geringere Hopfengabe bei	dunklen Bieren, niederer Stammwürze, hartem Wasser, niedrigerem Vergärungsgrad (malziger Geschmack), kurzer Lagerdauer
Ausnahme	dunkle und mitteldunkle Bock- und Märzenbiere vertragen auch hohe Hopfengaben

Hopfenarten und ihre Verwendung

Naturhopfen

Hierbei handelt es sich um getrockneten Hopfen im Originalzustand. Wenn in den Rezepten nichts anderes angegeben ist, dann ist diese Hopfenart gemeint. Um das Filtern und Entfernen nach dem Kochen zu erleichtern, sollten Sie sich zum Beispiel mit Mousselin-Säckchen helfen, in welche Sie den Naturhopfen geben, um ihn so mitzukochen.

Hopfen-Pellets

Die Zugabe von Pellets (insbesondere Typ 90) ist unkomplizierter, einfacher und bestens dosierbar. Deshalb sind Pellets für den Hobbybrauer wohl die geeignetste Hopfenart, zudem sie auch von der Lagerung her optimal zu handhaben sind. Hopfen-Pellets gibt es als Typ 90, welche ungefähr im Verhältnis zum getrockneten Doldenhopfen von 1:1 zugegeben werden können. Wer es genauer machen will, zieht bei Typ-90-Zugabe noch ca. 5 % wegen besserer Bitterstoffausbeute ab, um so möglichst nahe an die exakte Hopfengabe zu kommen. Der Umrechnungsfaktor beträgt hier 0,95. Die andere Pellets-Variante ist der Konzentrattyp 45. Hier können Sie etwa 10 % abziehen, was einem Umrechnungsfaktor von 0,90 entspricht.

INFO

Im Großeinsatz bei Brauereien ist Hopfenextrakt, ein Hochkonzentrat, eine gute Wahl. Für den Hobbybrauer ist es dagegen schon allein auf Grund der Dosierungsschwierigkeiten weniger geeignet.

Iso-Hopfen (flüssig)

Dieser Flüssighopfen ist bereits isomerisiert und braucht deshalb nicht mitgekocht zu werden, ist jedoch nach dem Reinheitsgebot nicht erlaubt. Beim Hobbybrauen wird er hauptsächlich beim einfachen Extraktverfahren eingesetzt, wo die Zugabe erst nach dem Gärprozess erfolgt. Da Iso-Hopfen hauptsächlich Bittere einbringt, ist es eigentlich notwendig auch noch in Alkohol gelöstes Hopfenöl zuzugeben, um ein feines und angenehmes Hopfenaroma zu erzielen. Als Richtlinie für den Einsatz von Iso-Flüssighopfen gilt: etwa 2 bis 3 Beutel à 25 ml/20 l fertiges Bier, unter Hinzugabe von ca. 5 ml 1- %igem Hopfenöl.

TIPP

Hopfenöl sollte als Pflichtzugabe bei der Verwendung von Iso-Hopfen gelten, wobei 5 ml/20 l Bier einen Richtwert darstellen.

Hopfenöl (in Alkohol)

Hopfenöl kann man als hochkonzentriertes Hopfenaroma bezeichnen, welches mittels Alkohol in besser lösliche Form gebracht und leichter dosierbar gemacht wurde. Die Zugabe erfolgt unmittelbar vor dem Abfüllen, damit die Aromastoffe sich nicht verflüchtigen können. Mit Hopfenöl verleihen Sie dem Bier ein besonderes Hopfenaroma, beziehungsweise können eine rechtzeitig erkannte Schwachhopfung ausgleichen. Je nach Problematik werden 5 bis 10 ml (1-%iges) Hopfenöl pro 20 l Bieransatz zugegeben.

„Hopfenarten": Getrockneter Naturhopfen, Hopfenpellets, Hopfenextrakt (auf Löffel), Iso-Flüssighopfen (Glasschale) und Hopfenöl.

Umrechnen – warum und wie?

In unseren Regionen wäre zum Beispiel Hallertauer (Bitterhopfen) und Tettnanger (Aromahopfen) zu empfehlen. Beide sind von bester Qualität und gewährleisten deshalb auch entsprechende Ergebnisse.

Beim Nachbrauen von Bieren ist es oft nötig, die Hopfenmenge so umzurechnen, dass sie mit dem Hopfen gebraut werden können, welcher Ihnen gerade zur Verfügung steht. Dies liegt daran, dass Hopfen verschiedener Anbaugebiete und Jahrgänge meist auch unterschiedliche Konzentrationen an Alpha-Säuren aufweisen.

Umrechnungsbeispiele

1. Die Rezeptangabe lautet ***40 g*** Nordbrauer Hopfen mit einer α-***(Alpha-)Säure von 8 %***. Zur Verfügung steht Hallertauer Hopfen mit ***10 %*** α-***Säure***.

Wie viel Gramm Hallertauer Hopfen muss als Ersatz eingesetzt werden?

Die Lösung:

$$\frac{40 \times 8}{10} = 32$$

Soll-Hopfenmenge *(40 g)* ***mal*** Soll-α-Säure *(8 %),* ***geteilt durch*** die α-Säure des Ersatzhopfens *(10 %),* ***ergibt 32 g*** Ersatzhopfen (Hallertauer).

2. Bei dem Nordbrauer Hopfen handelt es sich um Doldenhopfen. Zur Verfügung steht Hallertauer Hopfen des Typs 90er Pellets.

Wie viel Gramm Hallertauer Hopfen müsste in diesem Fall als Ersatz eingesetzt werden?

Die Lösung:

$$\frac{40 \times 8 \times 95}{10 \times 100} = 30{,}4$$

Soll-Hopfenmenge *(40 g)* ***mal*** Soll-α-Säure *(8 %)* ***mal*** Faktor für bessere Bitterstoffausbeute *(95 %),* ***geteilt durch*** die α-Säure des Ersatzhopfens *(10 %),* ***mal 100, ergibt 30,4 g*** (rund 31 g) Ersatzhopfen.

3. Zur Verfügung steht wieder Hallertauer Hopfen, diesmal des konzentrierten Typs der 45er Pellets mit 20 % α -Säure

Wie viel Gramm Hallertauer Hopfen müsste in diesem Fall als Ersatz eingesetzt werden?

Die Lösung:

$$\frac{40 \times 8 \times 90}{20 \times 100} = 14{,}4$$

Soll-Hopfenmenge *(40 g)* ***mal*** Soll-α-Säure *(8%)* ***mal*** Extrakt für bessere Bitterstoffausbeute *(90 %),* ***geteilt durch*** die α-Säure des Ersatz-Hopfens *(20 %),* ***mal 100 ergibt 14,4 g*** (rund 14 g) Ersatzhopfen.

Hopfenkochen – Würzekochen

Beim Kochen müssen Sie darauf achten, dass der Hopfen frei in der Würze umherwirbelt, damit sich die Inhaltsstoffe gut lösen können. Pellets eignen sich besonders gut, da sie zu Pulver zerfallen. Kochen Sie dagegen den Hopfen (Naturhopfen) zum Beispiel in Mousselinsäckchen bei, vereinfacht das zwar den späteren Filtriervorgang, doch um den Geschmacksverlust wieder wettmachen zu können, müssen Sie die Hopfengabe um etwa 20 % erhöhen. Hier sollten Sie einfach ein wenig experimentieren, bis Sie mit Ihrem Produkt geschmacklich zufrieden sind.

Kochzeit

Den Kochbeginn der Würze erkennen Sie daran, dass die Flüssigkeit wild sprudelt und Blasen aufsteigen, was bei einer Temperatur von 100 bis 110 °C geschieht. Die ideale Kochzeit liegt bei 90 Minuten, gleichbedeutend mit einer Hopfenbitterstoff-Ausnutzung von ungefähr 30 %. Für das Brauen zu Hause ist dies ein durchaus akzeptabler Wert.

Kürzere Kochzeiten sind zwar möglich, gehen aber zu Lasten der Ausnutzung. Deshalb sollte bei einer Verkürzung der Kochzeit auf zum Beispiel 60 Minuten (Ausnutzung dann bei 23 bis 25 %) ungefähr 20 % mehr Hopfen zugegeben werden. Daraus ergibt sich eine etwa 10-%ige Hopfen-Mehrgabe bei einer Kochzeit von 75 Minuten. Mehrgaben beziehen sich jedoch nur auf den Bitterhopfen beziehungsweise auf den Hopfen, der unmittelbar nach Kochbeginn gegeben wird und welcher die Hauptgabe darstellt.

TIPP

Unter 60 Minuten sollte die Kochzeit des Hopfens nicht betragen.

Die Hopfenbittere

International wird die Hopfenbittere mit EBU (European Bittering Units) oder mit IBU (International Bittering Units) bezeichnet und ergibt sich wie folgt:

$$\text{EBU} = \frac{\text{Hopfengewicht (g) x [}\alpha\text{-säure x Ausnutzung (ca. 30 \%)]}}{\text{Biervolumen (l) x 10}}$$

Mit dieser Formel können Sie auch die Bittere Ihrer eigenen Bierkreationen berechnen und bestimmen.

Hefe

Die gezielte Hefegabe war bis zum Anfang des 16. Jahrhunderts nicht bekannt. Erst Louis Pasteur entdeckte im 19. Jahrhundert, dass Mikroorganismen, eine Art Kleinstlebewesen, für den Gärprozess verantwortlich zeichnen. Exakt handelt es sich auch hier um ein Ferment/Enzym innerhalb der Hefezelle, welches den Malzzucker aufspaltet.

Die Hefe ist das klassische Beispiel, wie aus einer Zufallsbekanntschaft eine dauerhafte Verbindung wurde. Bevor die aus Malz, Wasser und Hopfen entstandene Würze endgültig zu Bier wird, kommt die Hefe als viertes und gärungsauslösendes Element zum Einsatz.

Schäumende Arbeit

Und dieser Einsatz ist wahrlich heftig. So heftig, dass die Würze richtiggehend schäumt, wie man besonders bei der Obergärung beobachten kann. Letztendlich entsteht bei diesem imposanten Vorgang neben einigen Nebenprodukten hauptsächlich Alkohol und Kohlensäure (Kohlendioxyd), indem die Hefe den für sie lebensnotwendigen Zucker der Bierwürze in eben diese Materien aufspaltet. Was heute von ausgesprochenen Bierhefen erledigt wird, wurde in den Anfängen von so genannten „wilden Hefen“ bewerkstelligt, Hefen, die in der Luft umherschwirrten und sich rein zufällig beziehungsweise freiwillig in der Bierwürze niederließen, um ihren Job mehr schlecht als recht zu tun und somit hohe Ausfallquoten nach sich zogen.

Die Urhefe

Die wilde, im 16. Jahrhundert erkannte „obergärige“ Hefe, die „Urhefe“, konnte zwar nur halbwegs kontrolliert eingesetzt werden, den Brauern war trotzdem schon viel geholfen, da sie nun gezielter und bewusster agieren konnten. Eine weitere, wichtige Hürde in der Geschichte des Brauwesens war genommen. Im 17. Jahrhundert entdeckte man dann auch die untergärige Hefe.

Reinzucht

Ähnlich wie es verschiedene Sorten an Weinhefen gibt, hat man auch für Bier verschiedene Hefestämme gezogen, so genannte Reinzuchthefen, die den Geschmack des Bieres und den Brauerfolg erheblich beeinflussen. Früher waren sie ein gut gehütetes Geheimnis der Brauereien, heute können Sie diese Bierhefen über den Fachhandel oder auch über die Brauereien selbst beziehen. Reinrassig bedeutet in diesem Zusammenhang, dass die Hefen immer den gleichen Geschmack produzieren und immer gleich reagieren. Diese Voraussetzungen ge-

HEFE, DIE VIERTE IM BUNDE DES REINHEITSGEBOTES

Vor der Ära der gezielten Hefegabe musste man hauptsächlich mit wilden „obergärigen" Hefen vorlieb nehmen. Denn solche waren in der Luft und zwar besonders häufig in den Backstuben auf Grund des dort lagernden Mehls und dessen Verarbeitung. Dies erklärt, warum die damaligen Bäcker durch diesen Vorteil die geringsten Braufehlerquoten zu verzeichnen hatten und dadurch zu offiziellen Braurechten gelangten. Die Hefe war einst also wirklich eine reine Zufallsbekanntschaft bezogen auf die anderen, bewusst eingesetzten Braumaterialien und ist deshalb im Reinheitsgebot von 1516 noch nicht berücksichtigt. Aber es dauerte nicht mehr allzu lange; noch im gleichen Jahrhundertman erkannte man endgültig ihre Qualitäten und integrierte die Hefe als viertes Element zu Hopfen, Wasser und Malz.

INFO

Dem Dänen Christian Hansen gelang es als erstem, eine einzelne Hefezelle zu isolieren und sie auf künstlichem Nährboden zu vermehren. Mit der nun möglich gewordenen Hefezucht wurde der Gärprozess reiner und das Bier geschmacklich noch besser.

währleisten Hefe-Reinzuchtanstalten, in welchen aus der kleinsten Hefezelle jede beliebige Menge von haargenau gleicher Hefe für ein ebenso gleich schmeckendes Bier hergestellt wird.

Flüssig oder trocken?

Flüssighefe erhalten Sie als dickflüssigen Brei und dickem Schaummantel bei Brauereien, Trocken- oder Presshefe schickt Ihnen der Fachhandel. Der Einfachheit halber und aus Kostengründen bietet sich für das Heimbrauen die praktische Trockenbierhefe an. Dem Geschmack des Bieres ist es nicht abträglich und länger haltbar ist die Trockenhefe ohnehin. Obergärige Trockenbierhefe in spezieller Verpackung hält gekühlt etwa 3 Jahre, während die trockene untergärige Hefe nach etwa 6 bis 8 Monaten an Aktivität verliert.

Hefearten: Trockenhefe (links), Flüssighefe (Mitte) und rehydrierte Trockenhefe (rechts).

Arbeiten mit Trockenhefe

Damit die Trockenbierhefe schnellstens in der Würze ankommt, also zu gären beginnt, sollten Sie sie zuvor ***rehydrieren***. Hierfür entnehmen Sie der Würze etwa 200 ml Flüssigkeit und erwärmen diese durch Warmwasserzugabe auf 35 °C bis maximal 39 °C. Geben Sie nun die Trockenhefe dazu und rühren diese sanft unter. Sie können die Hefe an Stelle in der Würze aber auch in auf entsprechende Temperatur erwärmtes Wasser unter Hinzugabe von 2 bis 3 Teelöffel Zucker oder Malzextrakt auflösen. Nach 20 bis 30 Minuten sollte sich eine Schaumschicht auf dem Rehydrat bilden, welche anzeigt, dass die Hefe eingesetzt werden muss und nun der Würze zugegeben und kräftig untergerührt werden kann. Wiederholtes Rühren fördert übrigens Gärbeginn und -intensität durch Sauerstoffzufuhr.

Rehydrieren
Erneute Wasseraufnahme.

TIPP

Geben Sie die Trockenhefe nicht in zu stark erhitzte Flüssigkeit, die Hefezellen sterben sonst ab.

Vorher muss die rehydrierte Hefe der Würzetemperatur bis auf +/–5 °C angepasst werden, damit die Hefe keinen „Schock“ erleidet und ausfällt.

Möchten Sie Flüssigbierhefe verwenden, beachten Sie bitte unbedingt die Anweisungen des Herstellers, damit der Gärprozess optimal verläuft.

VERMEHRUNG

Hefe vermehrt sich durch Zellteilung während des Gärprozesses um mehr als das Vierfache. Es gibt also genug zum Ernten. Die auf diese Weise gewonnene Hefe können Sie unter optimalen Bedingungen einige Male wiederverwenden, wenn Sie sie zum Beispiel in einem Schraubverschlussglas im Kühlschrank bis zum nächsten Einsatz aufbewahren. Zwischen den einzelnen Einsätzen sollten jedoch nicht mehr als 10 Tage Lagerzeit liegen, da Sie sonst Gefahr laufen, dass der nächste Sud durch unerwünschte Mikroorganismen (Bakterien) beziehungsweise durch Absterben und daraus resultierender Inaktivität der Hefezellen zunichte gemacht wird.

Obergärig – Untergärig

Die Unterschiede der Obergärung zur Untergärung liegen in erster Linie im Absetzen der Hefe, in der Gärtemperatur und in der Haltbarkeit der produzierten Biere.

Die Bezeichnung *ober-* beziehungsweise *untergärig* sagt bereits aus, wo sich die Hefen während und nach der Gärung aufhalten beziehungsweise ablagern. Die *obergärige* Hefe setzt sich an der Würzeoberfläche ab, weil die einzelnen Hefezellen in einer Art Verbund aneinander hängen, wodurch sie eine relativ große Angriffsfläche für die aufsteigende Kohlensäure (Gärblasen) bietet und somit regelrecht an die Oberfläche gedrückt werden. Die *untergärigen* Hefezellen dagegen sind Einzelkämpfer, an denen die Gärblasen ohne Andockmöglichkeit nach oben vorbeitreiben. Daher setzen sie sich durch Absinken logischerweise am Boden des Gärbehälters ab.

INFO

Während die obergärige Hefe (Saccaromyces cerevisiae) fruchtige, aromatische und spritzige Biere produziert, ist die untergärige Hefe (Saccaromyces carlsbergensis) mehr für weiche, weniger blumige, sowie milde und lieblich aromatische Biere zuständig.

Hefen ernten

Am Boden des Gärbehälters können Sie die Hefen übrigens, wie der Profi auch, nach der Hauptgärung und dem Schlauchen „ernten“. Nach Möglichkeit aber nur den Teil, der sich zwischen Ober- und Bodendecke der abgelagerten Hefe befindet. „Ernten“, besser gesagt abschöpfen, können Sie natürlich auch die sich an der Oberfläche abgesetzte obergärige Hefe, solange diese dort verweilt. Denn irgendwann, wenn keine Gärblasen mehr aufsteigen, verzieht sich auch die „obergärige“ nach unten.

Arbeitsweisen der verschiedenen Hefen

Die *obergärige* Flüssig- und Trockenbierhefe arbeitet bei Temperaturen zwischen 16 bis 25 °C und vergärt die Bierwürze während der Hauptgärung innerhalb von 3 bis 6 Tagen. Die *untergärige* Flüssighefe braucht etwa 6 bis 10 Tage bei 5 bis 12 °C. Speziell für den Hobbybrauer gibt es jetzt auch eine *untergärige* Trockenbierhefe, die zwischen 16 bis 25 °C arbeitet und somit keine spezielle und umständliche Kühlung benötigt.

Reifung und Haltbarkeit

Die *untergärigen* Biere sind auf Grund der niedrigeren Gärtemperatur länger haltbar, benötigen aber auch wesentlich längere Reife-/Lagerzeiten (2 bis 6 Monate). Dies interessiert allerdings eher die so genannten Profis, sprich die kommerziellen Brauereien. Sie dürfen ruhig auch früher schon an Ihr „Untergäriges“, weil letztendlich nicht der brauindustriell vorgegebene, sondern der eigene Geschmack entscheidet, zu welchem Zeitpunkt das Bier verkonsumiert wird.

Obergäriges Bier entsteht und reift dagegen schneller. Dabei spielt die höhere Temperatur eine entsprechende Rolle. Dafür

DIE KÜHLE ERFINDUNG CARL VON LINDES

Auf Grund der Schwierigkeiten, die Gärtemperatur auf unter 12 °C zu halten, wurde früher hauptsächlich obergärig gebraut. Mit Ausnahme von einigen Gebieten mit längerer Winterzeit und der damit verbundenen Möglichkeit, genügend Natureis für Kühlzwecke abzubauen und in tiefen, kalten Kellern langfristig einzulagern. Nach diesem Prinzip verfuhr man bis weit in das 19.Jahrhundert, bis 1876. In diesem Jahr erfand und konstruierte Carl von Linde seine Kältemaschine und prompt wurde fast ausschließlich nur noch untergärig gebraut. Zum Glück wird aber seit Jahren, übrigens mit steigender Tendenz, auch wieder obergärig gebraut. Und das ist gut so. Denn was wäre die deutsche Bierlandschaft ohne dieses nuancenreiche Urbier?

INFO

Jedes Bier kann übrigens ober- oder untergärig gebraut werden, jedoch mit dem Effekt der bereits beschriebenen spezifischen Geschmacksmerkmale.

ist es aber nicht so lange haltbar (2 bis 3 Monate bei kühler Lagerung), was Ihnen eigentlich egal sein kann, weil Sie sicherlich kein Interesse daran haben mit Ihrem „Selbstgebrauten" einen Langzeit-Haltbarkeitsrekord zu erringen. Wozu auch?

In der Heimbrauerei wird, wenn keine geeigneten Kühlmöglichkeiten zur Verfügung stehen und auch keine spezielle, höhere Temperaturen vertragende, untergärige Trockenhefe verwendet wird, vorrangig obergärig gebraut. Oder Sie nutzen die kalte Jahreszeit für Ihre untergärigen Braugänge.

Klassische Kupfersudpfannen in einer Brauerei.

Sonstige Hilfsmittel und Möglichkeiten

Es gibt etliche Mittel, um Bier „optimal“ und „langlebig“ in die Gläser der Konsumenten zu bringen. Ob dies aber immer so optimal ist, sei in Frage gestellt. Der Hobbybrauer verfügt auch kaum über geeignete Möglichkeiten, entsprechende Hilfsmittel fließend, also ohne Qualitätsverluste für sein Bier, in den Brauprozess einzubeziehen. Darauf können Sie auch getrost verzichten. Denn Ihr Bier wird stets den Vorteil der Ursprünglichkeit und der Unverfälschtheit gegenüber einem behandeltem Gerstensaft besitzen. Dennoch wollen wir Ihnen einige dieser Möglichkeiten kurz erklären, die Sie theoretisch einsetzen könnten, wobei die meisten davon dem Reinheitsgebot allerdings nicht entsprechen.

Schaummittel ...

... sind Mittel, die den Bierschaum verbessern, jedoch in Deutschland verboten. Im Ausland werden hierfür teilweise Eisensalze zugesetzt, allerdings häufig auf Kosten des Geschmacks.

Seit 1987 sind per EU-Beschluss auch in Deutschland Biere zuzulassen, die nicht dem Reinheitsgebot entsprechen.

Klärmittel

Das gebraute Bier klärt sich im Laufe der Lagerzeit selbst. Das eine mehr, das andere weniger. Wünschen Sie jedoch eine fast vollkommene Klärung, müssten Sie chemische Mittel verwenden, da Sie eine Ausfiltrierung der Trubteile ohne Kohlensäureverlust, wie es Brauereien auf Grund ihrer maschinellen Ausstattung möglich ist, kaum bewerkstelligen können. Die nachfolgend genannten Klärmittel behaften sich alle mit den im Bier befindlichen Trub- und Hefeteilen und setzen sich zusammen mit diesen am Boden ab, wodurch sich das darüber stehende Bier klärt.

Tannin ...

... ist ein Gerbstoff der Proteine (Eiweißstoffe) ausfällt. Für den Hobbybrauer nicht geeignet, ist es auch nach dem Reinheitsgebot nicht erlaubt. Tannin wird meist in den letzten Tagen der Lagerung, kurz vor dem Abfüllen, eingesetzt.

Irisch Moos ...

... wird auch als „Isländisch Moos", „Agar-Agar" oder als „Karaghen-Moos" bezeichnet. Dieses Hilfsmittel ist nach dem Reinheitsgebot ebenfalls nicht gestattet. Es fällt Eiweiß aus und trägt somit zur Klärung und zu einer gewissen Bierstabilität bei.

Hausenblase ...,

... die getrocknete Fischblase vom Stör, wird auch als „isinglas" oder „Fischleim" bezeichnet, und ist als Klärmittel nach dem Reinheitsgebot ebenfalls verboten. Möchten Sie Ihr Bier mit Hilfsmitteln klären, so raten wir zur Hausenblase, da sie am besten in den Brauprozess zu Hause zu integrieren ist. Der Fachhandel liefert dieses Mittel verflüssigt (25 ml). Es reicht für 20 bis 25 l Bieransatz und wird dem Selbstgebrauten 3 bis 4 Tage nach Beginn der Hauptgärung zugegeben (untergerührt).

INFO

In Deutschland dürfen nur solche Mittel zur Bierklärung und -stabilität verwendet werden, welche sich wieder vollständig aus dem Bier entfernen lassen. Also nur technische Stoffe und keine chemisch wirkenden Mittel.

Aktivkohle ...

... ist ein Hilfsmittel, das aus Steinnussschalen, Knochen sowie aus diversen Hölzern hergestellt wird und auf Grund seiner porösen Außenfläche unerwünschte Stoffe des Bieres anlagert, um sie ihm dadurch zu entziehen. Es wird besonders zur Bieraufhellung und Geschmacksverbesserung bei entsprechend festgestellten Fehlern eingesetzt, wobei mit nicht unerheblichen Nebenwirkungen (zum Beispiel Schaumverlust) zu rechnen ist.

Konservierung

Das Pasteurisieren sei abschließend noch als eine, jedoch qualitätsmindernde Möglichkeit erwähnt, um Bier fast unbegrenzt haltbar zu machen. Doch muss dies eigentlich sein? Wahrscheinlich immer dann, wenn gewinnorientierte Interessen dahinterstehen. Man verkoste einfach einmal bewusst ein Dosenbier oder einen speziell für den Export hergestellten Gerstensaft, um ganz leicht den kleinen, geschmacklichen Unterschied festzustellen. Aber in der Not frisst der Teufel ja bekanntlicherweise Fliegen. Dies gilt im abgewandelten Sinne wohl auch für den in Durst geratenen Bierfreund, der in Ermangelung eines realen Angebotes notgedrungen auf „Büchsenbräu" oder Ähnliches zurückgreift.

Kl. Andechs

Wissenswertes vor dem Brauen

Messen, prüfen, berechnen und die nötigen Geräte.

Vor dem Braustart

Bevor es richtig los geht, möchten wir Ihnen noch einige für das Selberbrauen wichtige Vorgänge erklären, nützliche Utensilien vorstellen und auch die eine oder andere rechtliche Frage, die sich aus dem Brauen eines alkoholischen Getränkes ergibt, beantworten.

Stammwürze und Alkoholgehalt

Die Menge der ***Schüttung*** beeinflusst die Höhe der Stammwürze und des Alkoholgehaltes. Je höher die Schüttung, desto höher die Stammwürze und auch der Alkoholgehalt. Beide Begriffe (Stammwürze und Alkoholgehalt) werden, weil in Prozenten ausgedrückt, häufig verwechselt beziehungsweise gleich gestellt. Das ist jedoch falsch.

Schüttung
Hierbei handelt es sich um die annähernd berechnete beziehungsweise per Rezeptur vorgegebene Gesamtmenge von geschroteten Malzen (und eventuellen Ersatz- und Zusatzstoffen), welche zum Brauen eines bestimmten Bieres benötigt werden. Richtwert für den Hobbybrauer: 4,5 bis 5,2 kg Schüttung für 20 l Vollbier.

Die Stammwürze ...
... ist der nach dem Würze-/Hopfenkochen mit der Bierspindel gemessene Extraktgehalt (prozentuale Gewichtsanteil der durch das Maischen gelösten Stoffe) der Bierwürze vor der Hauptgärung. Bei den gelösten Stoffen handelt es sich um vergärbaren Malzzucker (65 bis 85 %) und um einige nichtvergärbare Zucker und Stoffe (15 bis 35 %). Die Menge der nichtvergärbaren Stoffe spiegeln gleichfalls den Endvergärungsgrad wider (siehe Schnellvergärungsprobe) und sind bei dunklen Bieren allgemein höher als bei hellen.

Der Alkoholgehalt ...
... wie auch die Kohlensäure entstehen durch die Vergärung des Malzzuckers des vergärbaren Extraktanteils der Stammwürze, mittels Bierhefe. Daraus ergibt sich, dass der Anteil an unvergärbaren Stoffen übrig bleibt. Der Anteil dieser Stoffe kann durch die so genannte Schnellvergärungsprobe (siehe Seite 59) ermittelt werden. Die Differenz dieses Ergebnisses zum Stammwürzegehalt dividiert durch 2 ergibt den ungefähren Alkoholgehalt des jeweiligen Bieres.

Die laufende Alkoholbildung kann übrigens auch während der Überwachung der Hauptgärung mit Hilfe einer in der Würze schwimmend eingesetzten Bierspindel verfolgt werden. Die schwimmende Spindel dient zwar in erster Linie dazu, den

So bestimmen Sie den Alkoholgehalt		
theoretische Alkoholbestimmung (etwas ungenau)	Stammwürzegehalt: – nichtvergärbarer Anteil:	**12,0** % (angenommen/vorgegeben) **– 3,0** % (ca. 25 %, angenommen) = **9,0** % : **2** = ca. **4,5** % Alkoholgehalt
praktische Alkoholbestimmung (genauer)	Stammwürzegehalt: –nicht vergärbarer Anteil nach Schnellvergärungsprobe:	**12,8** % (gespindelt) **– 3,4** % (gemessen) = **9,4** % : **2** = ca. **4,7** % Alkoholgehalt
ungefähre Bestimmung des sich gebildeten Alkoholgehaltes während der Hauptgärung	Stammwürze vor der Hauptgärung: **12,5** % a) Spindelbeobachtung bei **8,5** % Restwürze: **12,5 – 8,5 = 4 : 2** = ca. **2** % Alkohol b) Spindelbeobachtung bei **6,0** % Restwürze: **12,5 – 6,0 = 6,5 : 2** = ca. **3,25** % Alkohol c) Spindelbeobachtung bei **4,5** % Restwürze: **12,5 – 4,5 = 8 : 2** = ca. **4** % Alkohol Die letzte Messung deutet darauf hin, dass der Abfüllzeitpunkt bald erreicht ist.	

richtigen Abfüllzeitpunkt für die Nachgärung nicht zu verpassen. Sie zeigt aber auch die voranschreitende Alkoholbildung an, die Sie wieder dadurch errechnen, dass Sie den sich durch Vergärung laufend dezimierenden Stammwürzeanteil durch 2 dividieren.

Bierspindel (Saccharometer)

Mit der Bierspindel lässt sich recht komfortabel und sicher der Brauprozess überwachen.

Mit der Bierspindel (Senkspindel) werden die aus dem Malz gelösten vergärbaren und nicht vergärbaren Stoffe in Prozent gemessen. Die Spindel arbeitet nach dem Verdrängungsprinzip – sie taucht in eine leichtere (wässrige) Flüssigkeit tiefer ein als in eine schwere, dickflüssigere. Bezogen auf den Brauvorgang setzt man die Bierspindel zum Feststellen der Stammwürze vor dem Anstellen (Gärbeginn), zum Beobachten des Gärverlaufes und interessehalber zum Berechnen des prozentualen Zuckergewichtes der Vorderwürze, der Nachgüsse und der Pfannenvollwürze nach dem Abläutern ein.

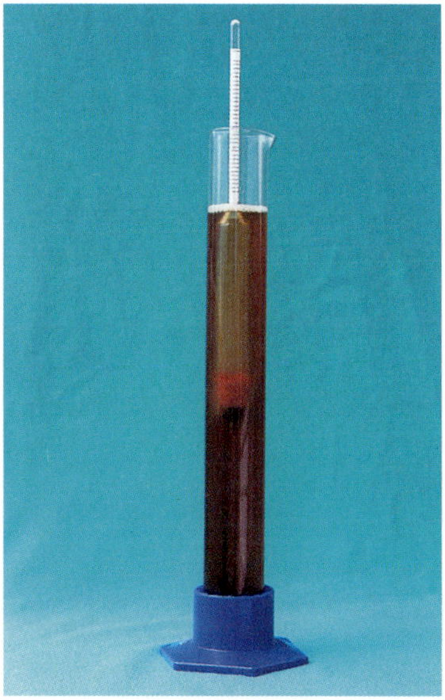

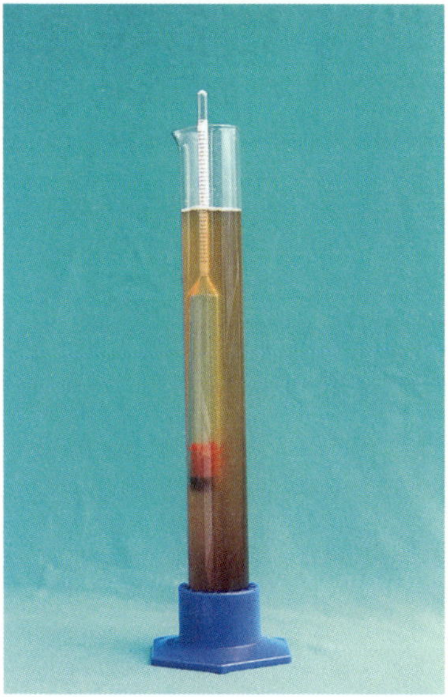

Links: Die Bierspindel steht noch weit aus der Würze heraus. Die Vergärung des Malzzuckers hat demnach erst begonnen.

Rechts: Die Spindel ist tiefer in die Würze eingesunken - ein Großteil des Malzzuckers ist bereits vergoren.

Bei Gärbeginn beziehungsweise bei einem noch hohen Zuckeranteil der Stammwürze (schwere Flüssigkeit) steht die Spindel relativ weit nach oben aus der Würze heraus. Mit fortschreitender Gärung, wodurch der Zucker mehr und mehr in Alkohol und Kohlensäure umgewandelt wird, sinkt auch die Spindel immer weiter nach unten und zeigt Ihnen an, wie viel Prozent der ursprünglichen Stammwürze bereits aufgespalten (vergärt) und wie viel Alkohol gebildet wurde. Mit der Bierspindel wird der für die Praxis wichtige scheinbare Vergärungsgrad gemessen beziehungsweise errechnet.

Einsatzmöglichkeiten der Bierspindel

Die meisten Spindeln sind heute auf eine Ablesetemperatur von 20 °C geeicht und herstellerbedingt entweder am Meniskus (Flüssigkeitsbogen) unten oder oben ablesbar. Ergebniskorrekturen sind dann nötig, wenn gravierende Temperaturunterschiede zur Eichtemperatur gegeben sind. Temperaturschwankungen bewirken bei einer Flüssigkeit, dass sie sich bei Erwärmung ausdehnt und bei abnehmender Wärme zusammenzieht. Bei Erwärmung bedeutet dies eine Zunahme der Flüssigkeitsmenge bei gleich bleibendem Gewicht, wobei die Spindel zwar die gleiche Flüssigkeit verdrängt, aber nicht ganz so tief eintaucht und deshalb

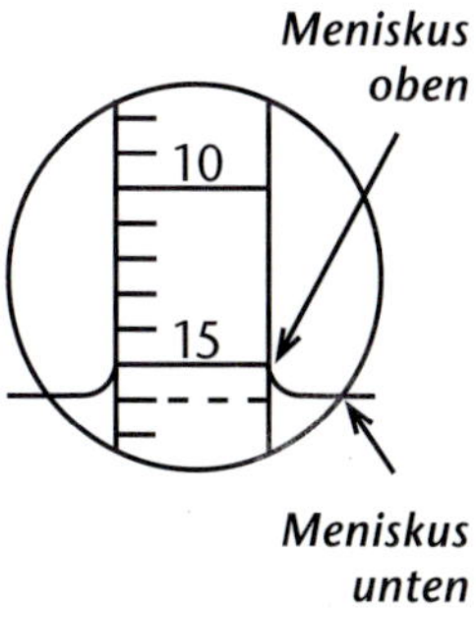

einen geringeren Extraktgehalt anzeigt. Unterhalb der 20-°C-Eichtemperatur ist die Reaktion genau umgekehrt.

Wenn Sie Spindelmessungen vornehmen, sollten Sie auch immer gleich die Temperatur der Würze messen. Es gibt Bierspindeln mit eingebautem Thermometer, die jedoch extrem teuer sind. Wesentlich günstiger, aber ebenso brauchbar sind Spindeln ohne Thermometer. Für die Temperaturmessungen reicht ein Allzweckthermometer, das Sie später auch zur Gärtemperaturmessung verwenden können.

Bei der obergärigen Brauweise zwischen 18 °C und 22 °C (= Zimmertemperaturen) sind im Prinzip keine Korrekturen nötig. Ansonsten müssen Sie korrigieren. Hierzu die folgende Tabelle:

Korrektionszahlen

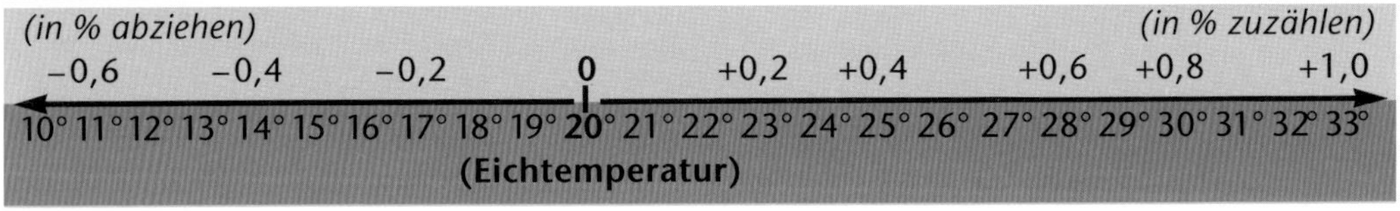

TIPP

Vergleichsmessungen, wie zum Beispiel bei der Schnellvergärungsprobe, sollten einfachheitshalber bei gleichen Flüssigkeitstemperaturen vorgenommen werden, um komplizierte Umrechnungen zu vermeiden.

Richtig messen mit der Bierspindel

Die Bierspindel kann entweder frei schwimmend (beispielsweise bei der Beobachtung des Gärverlaufes) im Gärbehälter eingesetzt werden oder in speziellen Messzylindern (Spindelzylindern) aus Glas oder Kunststoff. Diese fassen in der Regel 100 bis 250 ml Würze. Zum Messen wird der Spindelzylinder mit der jeweiligen Flüssigkeit befüllt und dann die Bierspindel eingesetzt, um anschließend das Ergebnis an der Skala abzulesen. Um genaue Ergebnisse zu erhalten, müssen Sie bei gärender Flüssigkeit diese im Messzylinder so lange schütteln, bis sich die Kohlensäure verflüchtigt hat, da diese einen Auftrieb der Spindel bewirkt, was wiederum das Ergebnis verfälschen würde.

Beschleunigen Sie die eingesetzte Spindel vorsichtig mit Daumen und Zeigefinger wie einen Kreisel. Dadurch werden nochmals Kohlensäureblasen abgeschüttelt und die Spindel bleibt nicht am Zylinderrand haften. Auch das könnte zu falschen Messergebnissen führen. Zwischen Spindelkörper und Zylinderrand sollte deshalb rundum mindestens 7 mm Abstand sein.

Was mit der Bierspindel gemessen wird

Beobachtung des Maischergebnisses (Vorderwürze, Nachgüsse, Pfannenvollwürze)

Die Messung erfolgt am besten im Messzylinder. Eine Kohlensäureentfernung durch Schütteln ist nicht notwendig. Kühlen Sie die Würze soweit wie möglich herunter. Eine Korrektur wird trotzdem nötig sein, da die Würzetemperaturen wahrscheinlich außerhalb der Eichtemperatur liegen.

Beispiel: Temperatur = 33 °C,
Messergebnis
(zum Beispiel Vorderwürze) = 22 % Extraktgehalt
+ 1 % Korrektur = **23 %** tatsächlicher Extraktgehalt.

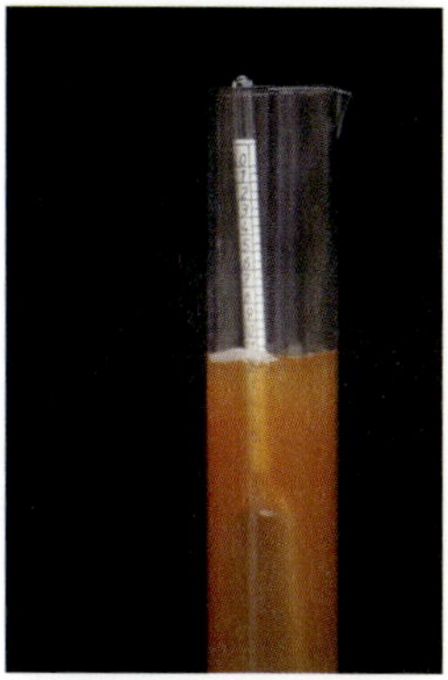

Spindelmessung bei gärender Würze im Zylinder.

Stammwürzebestimmung

Diese Messung können Sie mit schwimmend eingesetzter Spindel im großen Würzebehälter vornehmen. Eine Korrektur wird nur dann nötig, wenn die Würzetemperatur außerhalb 18 bis 22 °C liegt.

Beispiel: Temperatur = 24 °C,
Messergebnis = 12 % Extraktgehalt
+ 0,2 % Korrektur = **12,2 %** tatsächlicher Extraktgehalt.

Spindelmessung im offenen Behälter.

Beobachtung des Gärverlaufes

Die Messung kann schwimmend und fortlaufend im Gärbottich erfolgen. Sie bleibt allerdings ungenau auf Grund des Kohlensäureauftriebs. Diese Messung dient daher nur zur Überwachung, um den richtigen Abfüllzeitpunkt nicht zu verpassen.

Durchführung der Schnellvergärungsprobe

Die Messung müssen Sie im Messzylinder vornehmen. Eine Kohlensäureentfernung durch Schütteln ist zwar nicht mehr nötig, aber sicherheitshalber dennoch angeraten. Stellen Sie die Temperatur danach auf Würzetemperatur ein, und korrigieren Sie nur, wenn sich beide Flüssigkeiten außerhalb der Zimmertemperatur befinden.

Bestimmung des Abfüllzeitpunktes

Auch hier messen Sie wieder im Messzylinder. und entfernen die Kohlensäure durch Schütteln. Korrigieren Sie, wenn die Würzetemperatur außerhalb der Eichtemperatur (18 °– 22 °C) liegt.

Schnellvergärungsprobe und Abfüllzeitpunkt

Der richtige Abfüllzeitpunkt entscheidet maßgeblich über Qualität und Geschmack des späteren Bieres.

Nach der Hauptgärung wird das Jungbier geschlaucht. Schlauchen bedeutet nichts anderes als Abfüllen in entsprechende Behältnisse zum Zwecke der Nachgärung. Während Brauereien in spezielle Nachgärtanks schlauchen, füllt der Hobbybrauer sein Jungbier in Flaschen oder in geeignete, meist kleinere Fässer ab. In diesen soll die Nachgärung unter völligem Verschluss erfolgen, damit sich das Bier mit ausreichend Kohlensäure anreichert und sich der Restalkohol bilden kann. Dafür ist es notwendig, dass der richtige Abfüllzeitpunkt getroffen wird–, nämlich der Punkt wo noch genügend Restzucker im Jungbier vorhanden ist, um die notwendige Nachgärung zu aktivieren. Hierzu bieten sich Ihnen drei Möglichkeiten.

Warten, bis keine Gärblasen mehr aufsteigen

Die erste Möglichkeit ist, diesen Zeitpunkt einfach zu ignorieren, bis die Hauptgärung so weit fortgeschritten ist, und Sie keine Gärblasen mehr aufsteigen sehen. In diesem Fall müssen Sie allerdings etwas Zucker oder Malzextrakt in Ihre Nachgärbehältnisse geben, bevor Sie Ihr Jungbier schlauchen. Dadurch bringen Sie die notwendige Nachgärung in Gang, die letztendlich durch die noch aktive Resthefe im jungen Bier bewirkt wird.

Erfahrung zählt

Die zweite Möglichkeit ist die „Erfahrungsmethode“, die jedoch wirklich nur erfahrene Hobbybrauer praktizieren sollten. Denn wenn Sie zum Beispiel viel zu früh aus der Hauptgärung aussteigen, haben Sie Kohlensäure-Bömbchen mit Zuckergeschmack im Keller, die Sie durch stetiges „Dampfablassen“ (Druckkontrollen) entschärfen müssen. Auf der anderen Seite werden Sie eine lasche Brühe in der Flasche vorfinden, wenn Sie versehentlich zu spät in die Nachgärung gehen, wobei allerdings auch hier wieder die zusätzliche Zuckerzugabe helfen kann.

Die Schnellvergärungsprobe

Die dritte und professionellste Methode ist das Schlauchen zum richtigen Zeitpunkt. Dann, wenn die Hauptgärung so weit fortgeschritten ist, dass gerade noch genügend vergärbarer Restzucker übrig bleibt, der für die notwendige Nachgärung sorgt. Den richtigen Zeitpunkt erkennen Sie mit Hilfe der Schnellvergärungsprobe.

Hierfür entnehmen Sie gleich bei Gärbeginn der mit Hefe angestellten Würze ungefähr 0,25 l Flüssigkeit, um diese in einem Schraubverschlussglas, mit nur aufgelegtem Deckel, an einem wesentlich wärmeren Platz wie der des Hauptsudes (zum Beispiel an Sonnenfenstern oder in Ofennähe), Schnell- und Endvergären zu lassen. Dies geschieht innerhalb von 1 bis 2 Tagen, während die Hauptwürze einige Tage länger benötigt.

TIPP

Für welche Methode Sie sich entscheiden, ist letztlich Ihre Wahl. Wir möchten Ihnen jedoch, wenigstens ab und an, die Schnellvergärungsprobe empfehlen. Sie informiert Sie exakt über den tatsächlichen Alkoholgehalt des Suds.

Warten Sie, bis im Glas keine Gärblasen mehr aufsteigen und füllen Sie dann, ohne Bodenablagerungen mitzuführen, in einen Messzylinder ab, und stellen Sie diesen in den Raum der Hauptwürze. Nach einiger Zeit hat eine Temperaturangleichung stattgefunden. Setzen Sie nun die Spindel in den Messzylinder ein, und lesen Sie den Endvergärungsgrad ab. Dieser zeigt an, bei welchem Punkt die Gärung gänzlich beendet ist. Würden Sie jetzt abfüllen, könnte keine Nachgärung stattfinden, da kein vergärbarer Restzucker mehr vorhanden ist. Deshalb rechnet man dem gespindelten Endvergärungsgrad maximal 0,3 bis 0,5 % hinzu. Wird bei diesem Punkt abgefüllt, ist eine optimale Nachgärung und Kohlensäurebildung gewährleistet, ohne dass eine Bezuckerung der Flaschen und Fässer notwendig ist.

Beispiele

Abfüllzeitpunkt: festgestellter Endvergärungsgrad = 3,2 %
+ Zugabe (0,5) = 0,5 %
Abfüllzeitpunkt = **3,7 %**

ungefährer Alkoholgehalt:
Stammwürze = 12,6 %
– Endvergärungsgrad = 3,2 %
= 9,4 % : 2
Alkoholgehalt ≈ **4,7 %**

Jodprobe

Mit der Jodprobe wird während der Verzuckerungsrast (Alpha-Amylase) beim Maischen geprüft, ob noch unverzuckerte Kornstärke vorhanden ist, welche von der Hefe nicht vergärt und zu Stärketrübungen im fertigen Bier führen würde. Ein völliger Abbau (Umwandlung) der Kornstärke in Zucker durch die wiedererweckten Enzyme während der Alpha (α)- und Beta (β)-Amylase des Maischevorgangs ist grundsätzlich anzustreben, um später einen optimalen Vergärungsgrad zu erreichen, und um „pappig-süße" Biere zu vermeiden. Mit der dünnen, orangefarbenen Jodlösung kann der Verzuckerungsnachweis geführt werden, da Jod durch Blau- oder Violettfärbung anzeigt, ob noch unverzuckerte Stärke in der Maische vorhanden ist. In diesem Fall muss die Rastdauer der α-Amylase so lange verlängert werden, bis die Stärke vollends verzuckert ist. Dies ist dann der Fall, wenn eine weitere Probe jodnormal ausfällt, also keine Verfärbungen mehr auftreten.

TIPP

Zur Überwachung der optimalen Verzuckerung der Stärke beim Maischen dient die Jodprobe. Hierzu verwendet man eine Jodlösung (N 50), welche vom Fachhandel angeboten wird oder auch in Apotheken erworben werden kann. Letztere müssen Sie allerdings mischen, weil solche Verdünnungen, wie wir sie benötigen, im medizinischen Bereich kaum gebraucht werden.

Für die Jodprobe entnehmen Sie der heißen Maische einige Tropfen Flüssigkeit mit einem Teelöffel, geben diese auf einen kleinen, weißen Teller und kühlen sie durch Bewegung ab. Danach fügen Sie ungefähr die gleiche Menge an Jodlösung hinzu und vermischen beide Flüssigkeiten miteinander. Nach einigen Sekunden sollte entweder eine Färbung oder Jodnormalität eintreten.

Färbt sich bei der Jodprobe die Würze lila, ist noch genügend unverzuckerte Reststärke vorhanden. Bei Jodnormalität = gelb, ist die Reststärke vollends verzuckert und der Maischeprozess kann damit beendet weden.

Hauptguss – Nachguss

Der Brauvorgang, insbesondere das Maischen, benötigt eine gewisse Brauwassermenge. Diese setzt sich dem Haupt- und Nachguss zusammen.

Hauptguss

Für den Hauptguss, mit dem gemaischt und in den die Schüttung eingerührt wird, rechnet man ca. 3,5 l Wasser/kg Schüttung, sofern es sich um helles Bier handelt. Bei dunklem Bier genügen etwa 3 l.

Nachguss

Darauf folgt der 78 bis 80 °C maximal heiße Nachguss, der bei der *Maischesacktechnik* auf einmal und bei der klassischen *Rührtechnik* drei- bis viermal über die Treber gegeben wird. Die ausgespülten Restzuckermengen nehmen von Nachguss zu Nachguss ab. Die letzten Nachgüsse bezeichnet man deshalb auch als „Glattwasser", da kaum noch Zuckerextrakt darin enthalten ist.

TIPP

Als Nachgussmenge werden für helle Biere 3 l und für dunkle Biere 4 l Wasser/kg Schüttung empfohlen.

Der durch Haupt- und Nachguss ausgespülte Extrakt aus vergärbaren und nichtvergärbaren Zuckern, ergibt den späteren Stammwürzegehalt. Die Gesamtmenge des Haupt- und Nachgusses (Pfannenvollwürze) ist um einiges größer als die des späteren Bieres, wodurch der gemessene Stammwürzegehalt zu diesem Zeitpunkt logischerweise etwas niedriger ist. Beim Würze-/Hopfenkochen wird die Übermenge auf die gewünschte und vorgesehene Biermenge eingedampft. Dadurch stellt sich auch die gewünschte Stammwürze annähernd ein.

Nicht immer gelingt das so exakt wie vom (Hobby-)Brauer gewünscht, weil zum einen die Schüttung zu hoch oder zu niedrig war und zum anderen die Wassermenge des Haupt- und / oder Nachgusses falsch bemessen wurde. Daraus resultieren dann unerwünschte Stammwürzegehalte, die nicht allein durch das Würzekochen ausgeglichen werden können, aber dennoch, wie im Kapitel „Stammwürzeregulierung“ beschrieben, korrigierbar sind.

Abläutern

Treber, Vorderwürze und Anschwänzen

Abläutern mit Trubfilterung („Brau-Partner-System")

Maischesack (hier als Läuterboden verwendet).

Lochseiher (hält den Maischesack auf Distanz zum Bodenauslauf des Durchlaufbehälters).

Durchlauf-Filtereimer „Filter-Fix" mit verschließbaren Auslaufstutzen (passt exakt auf die Öffnung des „Brau- und Gäreimerdeckels").

Durch den Ablaufstutzen fließt die geläuterte Würze in den Maischebottich (Brau- und Gäreimer).

Deckel mit gasdicht verschließbarer Füllöffnung.

Der Brau- und Gäreimer (hier als Maischbottich verwendet). Er kann auch zur Hauptgärung, zur Läuter- und Anstellwürze sowie zum Abfüllen des Jungbieres eingesetzt werden.

Ablaufhahn

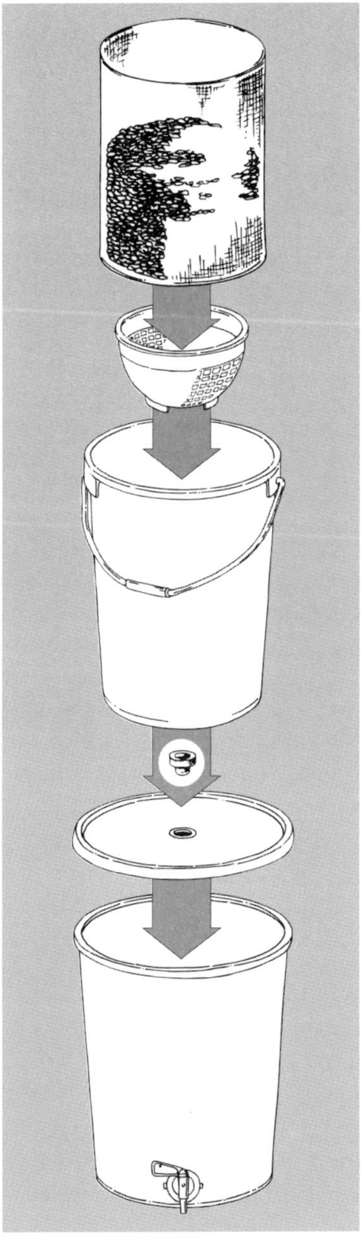

Die noch heiße Maische wird unmittelbar nach dem Abmaischen von den festen Malzrückständen *(Treber)* getrennt. Sie wird *geläutert* (geklärt) sagen die Fachleute und meinen damit eine Art Filtration, die auf der einen Seite Treber und auf der anderen Seite möglichst klare, flüssige Würze im Maischbottich hinterlässt.

Die gewonnene Würze, welche mit dem Hauptguss gemaischt wurde, wird *Vorderwürze* genannt. Beim Spindeln erbringt sie den höchsten Extraktanteil, bedingt durch den Maischvorgang. Um auch die restlichen Zucker auszulösen und ebenfalls in die Vorderwürze, also in den Maischbottich zu überführen, bedarf es des zuvor beschriebenen Nachgusses, im Fachjargon *Anschwänzen* genannt.

Der Abläutervorgang ...

... setzt einen Maischbottich mit 27 bis 30 l Fassungsvermögen, bei beabsichtigten 20 l Bier voraus. Dazu eignet sich am besten ein lebensmittelechter Kunststoffeimer mit Deckel, dem man ca. 1,5 cm über dem Boden einen Ablaufhahn, erhältlich über den Fachhandel, einsetzt. Dieser Braueimer dient dann nicht nur als Maischbottich, sondern kann während des ganzen Brauvorgangs immer wieder eingesetzt werden. So zum Beispiel als Auffangbehälter für die Würze bei der Trubfilterung nach dem Kochen und vor allen Dingen als Gärbehälter, wobei der Auslaufhahn immer allerbeste Dienste leistet.

Dazu benötigen Sie noch einen etwas kleineren, ebenfalls lebensmittelechten Kunststoffeimer, der jetzt als Durchlauf-Filtereimer zum Abläutern und später zur Hopfen-, Trub- und Eiweißfilterung eingesetzt werden kann. In diesen Behälter (Eimer) mit Deckel wird in die Mitte des Bodens ein Loch gebohrt oder gestanzt, wodurch die Würze ablaufen kann. Darüber stellen Sie im Eimerinneren einen Kunststoff-Küchenseiher als Bodenabstandhalter, der beim Abläutern den mit Treber gefüllten und deshalb schweren Maischesack (Filter) daran hindert, den Auslauf „dicht" zu machen.

Durch die rundum gut geöffnete Wandung des Seihers kann die geläuterte Würze zügig abfließen. Wenn Sie nun noch den Auslauf des Eimers mit einem konischen, innen offenen Gummistopfen (aus einer 5-l-Bierdose entnommen) versehen, können Durchlaufbehälter und Maischbottich (Braueimer) zum System werden. Nämlich dann, wenn der Deckel des Braueimers ebenfalls mit einem passenden Loch versehen ist, in welches der Gummistopfen des Durchlauf-Filtereimers passt. So können Sie den Filterbehälter auf den Braueimer stellen, und beide bilden eine Einheit, wodurch außerdem ein unerwünschter Luftsauerstoff-Würze-Kontakt weitgehend vermieden wird.

Durch das Abläutern = Klären werden die Bestandteile des Hopfens und die durch das Kochen ausgefallenen Eiweißbestandteile des Malzes aus dem Bier gefiltert.

Kosten für die Abläutertechnik

Dieses Equipment kostet zwar etwas Geld und vor allem „Bastelzeit", doch das Abläutern mittels über Stuhlbeine gespannte Stoffwindeln erscheint uns etwas veraltet und zudem auch umständlicher. Eine komplette, wie zuvor beschriebene Ausstattung inklusive Bierspindel, Spindelbehälter, Reinigungs- und Desinfektionsmittel, Abfüllschlauch und -rohr, Trubfiltergewebe und natürlich Maischesack ist im Fachhandel bereits für DM 120 bis 140 zu haben.

Durch Wasserzugabe lässt sich eine zu hohe Stammwürze nach unten regulieren. Die Spindel zeigt an,wann die gewünschte Stammwürze erreicht ist.

Durch die Zugabe von zuvor verflüssigtem Malzextrakt wird ein zu niedriger Stammwürzegehalt erhöht. Die Spindel überwacht den Gehalt.

Stammwürzeregulierung

Eine Regulierung der Stammwürze werden Sie dann vornehmen, wenn beispielsweise zu viel Flüssigkeit beim Würze-/Hopfenkochen verdampft ist, wodurch die vorgesehene Biermenge unterschritten würde und deshalb die Stammwürze höher als beabsichtigt läge. Auch eine falsche, von vornherein zu hohe oder zu niedrig bemessene Schüttung, kann nach dem Würzekochen einen nicht gewünschten Stammwürzegehalt ergeben.

Dies können Sie einfach regulieren. Bei zu hoher Stammwürze füllen Sie mit Brauwasser auf, bis der gewünschte Wert erreicht ist. Im umgekehrten Fall geben Sie einfach Malzextrakt in flüssiger oder pulverisierter Form oder auch Zucker zu. Beide Vorgänge kontrollieren Sie durch eine in der Würze schwimmenden Bierspindel.

Schlauchen

Nach Beendigung der Hauptgärung erfolgt das Schlauchen. Hiermit wird das Abfüllen des Jungbieres mittels eines Schlauches oder Abfüllrohres vom Gärbehälter in Fässer oder Flaschen, zwecks Nachgärung und Lagerung, bezeichnet. Achten Sie darauf, dass sich die Hefe bereits am Boden abgesetzt hat und Sie keinen Bodentrub mitziehen. Das Abfüllen des Jungbieres zum optimalen Zeitpunkt heißt auch „lauter (rein) schlauchen", während ein früheres, hefetrübes Abfüllen im Fachjargon mit „grün schlauchen“ bezeichnet wird (siehe Seite 58–59).

Utensilien

Die Aufstellung und Beschreibung der fürs Bierbrauen notwendigen Geräte und Materialien auf Seite 62/63 beziehen sich auf den Heim- und Hobbybrauer-Bereich. Die Mindestmenge von 20 l Bier sollte Voraussetzung sein, da das Brauen von zum Beispiel 10 l Bier den gleichen Zeitaufwand beansprucht, bei nur unwesentlich geringeren Materialkosten.

Sauberkeit

Oberstes Gebot für den Profi- wie auch für den Hobbybrauer ist, bei allen Braugängen, hauptsächlich aber ab dem Gärprozess, peinlichste Sauberkeit walten zu lassen. Dies gilt für Brautöpfe, Fässer und Flaschen sowie für Messbecher, Rührlöffel, Spindeln und sonstige Brauutensilien. Schmutz- und Luftbakterien können bei Vernachlässigung den ganzen, manchmal doch recht langwierigen Brauvorgang zunichte machen.

Brauutensilien und Flaschen werden mit Spezialreinigungsmitteln gleichzeitig gesäubert und desinfiziert.

Reinigung der Brauutensilien

Der Fachhandel hält zur Reinigung und Desinfektion von Brautöpfen und -utensilien allerlei preisgünstige Produkte bereit. So auch Flaschenbürsten, welche aber sicherlich in den meisten Haushalten sowieso zu finden sind. Zum Reinigen von Auslaufhähnen benötigt man kleinere Tüllenbürsten, die für nur wenig Geld beschafft werden können. Auch kombinierte Reinigungs- und Desinfektionsmittel in Pulverform, die in Wasser gelöst, optimale Ergebnisse erzielen, sind preisgünstig zu erwerben.

Mit dem „Jet-Cleaner" können alle Arten von Flaschen schnell und effizient gereinigt werden.

Desweiteren sind auch spezielle, an Wasserhähne problemlos anzubringende Druckspüler zur Flaschen- und Fassreinigung erhältlich sowie spezielle Bürsten, mit denen selbst Problemzonen wie Fasskanten besonders gut zu säubern sind. Flaschen und Fässer sollten Sie übrigens immer sofort nach dem Biergenuss säubern, damit sich erst gar keine Bodenablagerungen verfesigen können.

Zum Abtropfen und Trocknen eignen sich bestens „Flaschenbäume" mit Auffangvorrichtung.

Möchten Sie sich erst nach und nach die speziellen Utensilien fürs Bierbrauen zulegen, können Sie selbstverständlich auch mit bereits vorhandenen Geräten beginnen. Aber ganz wichtig: Reinigen Sie besonders bereits im Haushalt eingesetzte Bürsten oder Reinigungsmittel zuvor äußerst gründlich, und spülen Sie sie großzügig mit Wasser aus und nach. Schnelles und effizientes Reinigen gelingt Ihnen, wennSie eine große saubere Wanne oder ein entsprechendes Fass zur Verfügung haben, in dem Sie Flaschen und Brauutensilien komplett unterbringen können. Nun müssen Sie nur noch Wasser und Spezialreiniger zugeben und die Teile etwas einweichen lassen. Danach natürlich auch das Reinigungsgefäß gründlich ausspülen und säubern.

Brau- u. Gäreimer
(ca. 30 Liter)
für den Hobby-Brauer
Braumeister
Elektrische Maisch- u. Sudpfanne
für den Hobby-Brauer
Filter-Fix
Durchlauf-Filterbehälter für den Hobby-Brauer
Brau-PARTNER
SEVERIN

Brauutensilien	
Küchenwaage	Zum Abwiegen der Schüttung (Malze u. Zusatzstoffe).
Feinwaage	Zum Abwiegen des Hopfens und geringen Mengen von Sondermalzen.
Messbecher (1-5 l)	Zur Bereitstellung des Brauwassers (Haupt- und Nachguss), eventuell auch zum Abmessen von Zusatzmaterialien.
Raumthermometer	Zur Feststellung der Umgebungstemperatur vor und während der Gärphase.
Energiequelle	Elektroherd, -kocher, Gasherd, -kocher usw.
Flaschen/Fässer	Für die Nachgärung und Lagerung des Bieres-
Jod-N-50-Lösung	Zur Jod-/Verzuckerungsprobe.
Kochtopf I (25-30 l)	Zum Maischen und Würze- / Hopfenkochen. Ideal mit Auslaufhahn und eigener Energiequelle.
Einmachthermometer	Benutzt als Maischthermometer.
Bier-/Braupaddel bzw. langstieliger Kochlöffel (aus Holz)	Zum Maischerühren und Auflockern der Treber beim Nachguss.
Braubehälter (25 l)	Aus Kunststoff (ideal mit Auslaufhahn) zur Zwischenlagerung der abgeläuterten und gefilterten Würze und als Gärbehälter.
Schlauch und Klemme oder Spezialabfüllrohr	Aus lebensmittelechtem Material für alle Abfließvorgänge (Würzeschlauchen und Abfüllen des Jungbieres).
Maischesack	Für die Maischesacktechnik und als Filter (Läuterboden) beim Abläutervorgang.
Filtergewebe I	Maschenweite 0,5-0,8 mm zum Abläutern (enfällt bei Maischesacktechnik, da Maischesack verwendbar).
Filtergewebe II	Dichteres Gewebe (z. B. Windel oder Spezialfilter) für Hopfen-, Trub- und Eiweißfilterung.
Durchlauf-Filtereimer mit Seihereinsatz	Als Durchlauffilter zum Abläutern und zur Hopfen-/ Trubfilterung, in welchen Filtergewebe bzw. Maischesack eingelegt werden können.
Bierspindel und Messzylinder	Zum Messen der Würzestadien, Durchführung der Schnellvergärungsprobe, Überwachung des Gärverlaufes und zur Einstellung des Stammwürzegehaltes.
Kelle	Zum Abschöpfen und Gehen der Nachgüsse und eventuell zum Abläutern (entfällt bei Maischesacktechnik).
Lochkelle	Zur Nachgussverteilung über die Treber (entfällt bei Maischesacktechnik) und zum Entfernen der braunen Gärdecke.
Kochtopf II (10 l)	Zum Kochen des Nachgusses (entfällt bei Maischesacktechnik).
Reinigungs- und Desinfektionsmittel	Zum Reinigen von Fässern, Flaschen und Brauutensilien.

Der Hobbybrauer kann der Biersteuer gelassen entgegensehen und beruhigt weiterbrauen. Sollten Sie tatsächlich einmal auf mehr als 200 l im Jahr kommen, so ist die zu entrichtende Biersteuer nur gering.

Rechtlich gesehen

Noch ist es leider nötig, dem Staat, genauer gesagt dem zuständigen Hauptzollamt, seine Brauvorhaben anzuzeigen. Dies geschieht in schriftlicher Form und zwar bei geringfügigem und unregelmäßigem Heimbrauen (20 l pro Monat und höchstens 200 l pro Jahr) im voraus, wobei dafür dann keine Biersteuer zu entrichten ist. Diese fällt allerdings an, wenn die 200 Freiliter pro Jahr überschritten werden. Dann muss eine Biersteuererklärung erfolgen und zwar nach Höhe des tatsächlichen Stammwürzegehaltes. Nach diesem prozentualen Wert (Grad Plato) richtet sich die Abgabenhöhe.

Auszug aus dem Biersteuergesetz von 1993

§ 2-Steuertarif

(1) Das Bier wird nach Grad Plato (Prozenten) in Steuerklassen eingeteilt (siehe hierzu Seite 18). *Die Biersteuer beträgt für einen Hektoliter (100 l) Bier 1,54 DM je Grad Plato.*

Grad Plato ist der Stammwürzegehalt des Bieres in Gramm je 100 Gramm Bier, wie er sich nach der großen Ballingschen Formel aus dem im Bier vorhandenen Alkohol- und Extraktgehalt errechnet. Bruchteile eines Grades (Nachkommastellen) bleiben außer Betracht. Beispiel: 12,9 = 12 %

BEISPIELRECHNUNG FÜR DIE BIERSTEUER

Ein Hobbybrauer siedet in einem Jahr 500 l Bier. Davon sind 200 l steuerfrei, welche er auch per Brauanzeige im voraus angemeldet hat. Die Restmenge von 300 l, meldet er per Biersteuererklärung beim Zollamt an. Bei den Mehrlitern handelt es sich beispielsweise um Vollbier mit 12,6 % Stammwürze = 12 Grad Plato

12 Grad Plato x 0,77 DM (ermäßigter Steuersatz)
= 9,24 DM per 100 l (1 hl)

9,24 x 3 hl = 27,72 DM

Der Hobbybrauer müsste in diesem Fall DM 27,72 Biersteuer an das zuständige Hauptzollamt entrichten.

Soweit zum Gesetzestext. Den folgenden Absätzen dieses Gesetzes ist noch zu entnehmen, dass sich bei einer Jahreserzeugung von bis zu 5000 Hektolitern (hl) Bier die zuvor angegebene Biersteuer je hl halbiert (1,54 : 2 = –,77 DM). Da ein Hobbybrauer kaum mehr als 500 000 l Bier pro Jahr brauen wird, ist für ihn wohl meist dieser ermäßigte Steuersatz relevant.

Die meisten unserer ausländischen Hobbybrauer-Kollegen haben dieses Problem nicht. Sie dürfen in ihren vier Wänden für ihren Eigenbedarf so viel brauen wie sie wollen, ohne dass Vater Staat die Hand aufhält und den Zeigefinger hebt. Wahrscheinlich werden diese Zustände auch eines Tages bei uns Einzug halten. Auf jeden Fall können wir innerdeutschen Hobbybrauer mit den derzeitigen Verhältnissen ganz gut leben, wenn man bedenkt, dass es vor einigen Jahren überhaupt noch nicht möglich war, Produkte mit brautechnischen Hinweisen zu erwerben.

Brauanzeige

Die Brauanzeige muss auf jeden Fall vor Braubeginn erfolgen. Um die ganze Sache zu vereinfachen, können Sie versuchen, Ihre Brauvorhaben für ein ganzes Jahr mit einer einzigen schriftlichen Erklärung kundzutun, was im Allgemeinen so auch akzeptiert wird. Hier unser Beispiel, gerichtet an das zuständige Hauptzollamt:

> Brauanzeige für steuerfreies Bier
>
> Sehr geehrte Damen und Herren,
>
> hiermit zeige ich an, dass ich innerhalb der nächsten 12 Monate als Hobbybrauer in unregelmäßigen Abständen Bier für den Eigenverbrauch brauen werde.
>
> Es handelt sich um Vollbier, wobei eine Gesamtmenge von 200 l nicht überschritten wird. Die Braugänge finden in den von mir bewohnten Räumen statt.
>
> Mit freundlichen Grüßen

Biersteuererklärung

Immer dann, wenn die Biermenge 200 l pro Jahr übersteigt, wobei diese 200 l wiederum für den Eigenverbrauch bestimmt sein müssen, wird Biersteuer fällig. Würde diese Menge beispielsweise von einem Verein für eine Festivität gebraut und verkauft, so müsste auch dafür Biersteuer entrichtet werden. Falls Sie eine Biersteuererklärung abzugeben haben, setzen Sie sich am besten gleich mit dem für Sie zuständigen Hauptzollamt in Verbindung und fordern dort einen entsprechenden Vordruck an, den Sie dann nur noch auszufüllen brauchen.

Brauprotokoll

Manche halten ein Brauprotokoll für absolut unerlässlich. Andere dagegen sehen es eher als lästige Pflichtübung an. Wie dem auch sei, es hat durchaus seine Berechtigung. Zumindest immer dann, wenn Sie ein eigenes Bier kreieren oder ein Rezept abändern. Nur dann können Sie ein positives Ergebnis wieder nachvollziehen. Jedoch auch als Fehlerquellen-Hinweis im Nachhinein leistet ein Brauprotokoll wertvolle Dienste. Nachfolgend ein Entwurf für einen entsprechenden Vordruck, der sowohl für das Maisch-, wie auch für das Extraktverfahren verwendbar ist.

Brauprotokoll Nr. .... Datum: ....
Brauer: ....
Bierbezeichnung: ....
Bierart: ❑ *untergärig* ❑ *obergärig* Biergattung: ❑ *Vollbier* ❑ *Starkbier* ❑ ....
Biermenge: .... l Stammwürze: .... % (gespindelte Ausschlagwürze)
Brauverfahren:
❑ *Maischverfahren (Infusion)* ❑ *Rührtechnik* ❑ *Maischesack-Technik*
❑ *Extraktverfahren* ❑ *mit Kochen* ❑ *ohne Kochen* ❑ *Fertig-Kit*
Schüttung (Gewichtsangabe und Bezeichnung):
Braumalz(e): ....
Malzextrakt(e)/Zucker: ....
Zusatzstoffe: ....
❑ *Zugabe ab Verzuckerungsrast* ❑ *Zugabe beim Würzekochen*
Wassereinsatz: *Hauptguss* .... *l* *Nachguss* .... *l (auf* .... *mal gegeben)*
Beschaffenheit: ....° *dH, davon* ....° *Karbonathärte und* ....° *Nichtkarbonathärte*
Wasser *(von wo?):* .... *pH-Wert*..............
❑ *unbehandelt* ❑ *behandelt (wie?):* ....
Hopfengabe: *gesamt:* .... *g, in Form von* ❑ *Pellets* ❑ *Dolden* ❑ ....
..... *g Bitterhopfen (..... α-Säure) Marke:* .... *Zeit:* ....=........*g*
..... *g Aromahopfen (..... α-Säure) Marke:* .... *Zeit:* ....=........*g*
Weitere oder sonstige Hopfenzugaben (welche / wann):..
....
Ablauf Brauvorgang:
Brauutensilien bereitstellen und reinigen
Maischverfahren: *Hauptguss in Maischpfanne (Kochtopf) geben und aufheizen* .... *Uhr*
1. Aufheizen bis Einmaischtemperatur (35–55 °C) tats. ....*°C erreicht* .... *Uhr*
2. Eiweißrast (zuvor Schüttung zugeben) (35–55 °C) tats. ....*°C Ende* .... *Uhr*
3. Maltoserast (β-Amylase) (60 – 65 °C), tats. .... *°C von* .... *bis* .... *Uhr*
3a. Malzauszug nehmen

4. Verzuckerungsrast (α-Amylase) (72–75 °C), tats.: ....°C von .... bis .... Uhr
4 a. Farbmalzzugabe .... Uhr
4 b. Zugabe von Zusatzstoffen .... Uhr (ersatzweise beim Kochen)
5 a. Jodprobe I: ❑ jodnormal ❑ Verfärbung .... Uhr
5 b. Jodprobe II: ❑ jodnormal ❑ Verfärbung .... Uhr
6. Abmaischen: Aufkochen auf 78 °C, dann Maischvorgang beenden (event. Malzauszug)

Abläutern ***(nur beim Maischverfahren)***:
1. Abläutern der Vorderwürze Spindelung ergibt ..... % Extrakt von .... bis .... Uhr
2. Anschwänzen (Nachgüsse geben) von .... bis .... Uhr
2 a. ❑ Maischesacktechnik (Nachguss auf einmal): Spindelung = ... % Extraktgehalt (EG)
2 b. ❑ Rührtechnik (3-4 Nachgüsse):
Spindelung 1 = ... % EG; 2 = ... % EG; 3 = ... % EG; 4 = ...% EG.
3. Spindelung der Pfannenvollwürze (Vorderwürze + Nachguss) = ... % EG ....Uhr
(Nur Teilentnahme (ungefähr 200 ml) spindeln, welche zuvor abgekühlt wurde).

Würzekochen ***(Ab hier wieder für das Maisch- u. Extraktverfahren!)***
Kochzeit : ca. .... Minuten.
1. Würze auf Kochtemperatur (100–110 °C) aufheizen.
Beginn: .... Uhr; erreicht: .... Uhr.
2. Zugabe eventueller Zusatz- u. Ersatzstoffe bei 40 °C (Entnahme bei 95 °C):
Stoff: ...., Menge: .... g, entnommen: .... Uhr
Stoff: ...., Menge: .... g, entnommen: .... Uhr
3. Hopfengabe(n) (nach Erreichen der Kochtemperatur):
a. Bitterhopfen: .... Uhr; b. Bitterhopfen: .... Uhr;
c. Aromahopfen: .... Uhr; d. Aromahopfen: .... Uhr.
4. Eventueller Zuckerzusatz kurz vor Kochende:
.... Uhr (nur individuell und bei bestimmten Bieren).
5. Ende der Kochzeit: .... Uhr. Gesamtdauer: .... Minuten.

Hopfenseihen

Würzekühlung: *von ...... bis ...... (danach Trubabscheidung durch Absitzenlassen oder Filtern.)*

Spindelung *der gekühlten Ausschlagwürze ergibt ...... % Stammwürze (Stw.). Geändert durch Wasserzugabe auf ...... % Stw. / durch Zugabe von ❑ Zucker ❑ Malzextrakt auf ...... % Stw.*
Anstellen (Hefe der Ausschlagwürze zugeben):
❑ Trockenhefe ❑................................ Datum: .... Hefemenge:...........g.

Schnellvergärungsprobe: *entnommen am ..... um ..... Uhr. Abgelesen am ..... um ..... Uhr.*
Ergebnis: ....% (unvergärbarer Restextrakt) zzgl. 0,5 % = ...% (Abfüllzeitpunkt).

Hauptgärung: *Beginn nach Anstellen. Mit Spindel beobachten. Kräusenbildung am ....*
Abfüllzeitpunkt erreicht am .... nach .... Tagen.

Abfüllung: *bei Abfüllzeitpunkt in ❑ .... -Flaschen und/oder ❑ .... -Fässer.*
Menge des abgefüllten Jungbieres: .... l. Abgefüllt am ....

Nachgärung: *wo: .... bei .... °C von .... bis ....*

Lagerung/Reifung: *wo: .... bei .... °C von .... bis ....*

Ergebnis/Bemerkungen: ....

Braumethoden

Maische- und Extraktbrauverfahren

Verschiedene Systeme

Die Bierherstellung kann in zwei verschiedene Herstellungsverfahren unterteilt werden. In das ursprüngliche und nach wie vor verbreitetste Verfahren, nämlich in das *Maischverfahren*, welches wiederum aus *Infusion – und Dekoktionsmethode* besteht, sowie in das einfachere und zeitsparende *Extraktverfahren*. Die grundsätzliche Unterscheidung beider Verfahren besteht darin, dass beim Extraktverfahren der Maischvorgang, bei dem durch stufenweises Aufkochen die Malzstärke in vergärbaren Zucker umgewandelt und Eiweiß abgebaut wird, entfällt, da es sich hierbei bereits um das fertige, eingedickte Endprodukt eines solchen Maischvorganges handelt.

Maischverfahren

Im Lauf dieses Verfahrens wird Braumalz mit Wasser vermischt, stufenweise erwärmt und gewisse Zeitspannen auf bestimmten Temperaturen gehalten. Während diesen so genannten Rastzeiten finden diverse Umwandlungsprozesse statt, die die Bierherstellung erst möglich machen.

Maische entsteht durch das Mischen von Malzschrot und Wasser. Das anschließende Erhitzen verflüssigt die schwerlöslichen Bestandteile des Malzschrotes.

Infusion

Bei dem hierzulande praktizierten Maischverfahren, auch aufsteigende Infusion genannt, handelt es sich um die älteste, aber immer noch aktuelle Technik des Maischens, welche durch stufenweise Temperaturanhebung erfolgt. Diese Technik ist die für den Heimbraubereich einfachste, weil praktischste.

Informationshalber soll das noch teilweise in England angewandte, absteigende Infusionsverfahren erwähnt sein, bei dem das Brauwasser auf etwa 78 °C aufgeheizt und mit dem Malz vermischt wird. Danach überlässt man die Maische in einem gut isolierten Behälter sich selbst, wodurch die einzelnen Umwandlungsprozesse beim Abkühlen geschehen. Diese Technik beansprucht ein speziell aufbereitetes Malz.

Dekoktion

Dieses Maischverfahren setzt zwei Behälter voraus. Der im ersten Behälter (Maischbottich) befindlichen Hauptmaische werden bis zu drei Teilmaischen (Kochmaischen) entnommen, um in dem zweiten Topf (Maischpfanne) auf eine bestimmte

Vom Malz zum Bier

Temperatur aufgekocht zu werden. Danach wird die jeweilige Kochmaische zur Hauptmaische in den Maischbottich wieder zurück gegeben, wodurch man ähnlich wie beim Infusionsverfahren die einzelnen Raststufen erreicht.

Extraktverfahren

Im Gegensatz zum Maischverfahren muss beim Extraktverfahren kein Maisch- und Abläutervorgang erfolgen, da der Malzextrakt bereits entsprechend vorbereitet ist. Der Brauvorgang beginnt praktisch gleich mit dem Würze-/Hopfenkochen, weshalb man bei diesem Verfahren auch vom „schnellen Brauverfahren" spricht. Zusatzstoffe (am besten in Mousselinsäckchen gefüllt) werden beim Würzekochen ab 40 °C beigegeben und ungefähr 10 Minuten vor dem eigentlichen Kochbeginn (etwa bei 90 bis 100 °C) der Würze wieder entnommen.

Das Extraktverfahren wird in sich nochmals in das *klassische Extraktverfahren* (mit Kochvorgang) sowie in das *einfache* Extraktverfahren (ohne Kochvorgang) und in das *Fertigset-Extraktverfahren* unterteilt. Mit ein wenig Übung und Erfahrung können Sie auch mit Malzextrakten, die übrigens dem Reinheitsgebot entsprechen, recht akzeptable Biere brauen. Bei manchen Extraktrezepten wird ein Teil der Stammwürze durch Haushaltszucker ersetzt, wobei ein daraus entstandenes Bier, wohl nicht mehr 100-%ig dem Reinheitsgebot zuzuordnen, auf jeden Fall aber als garantiert naturrein zu bezeichnen ist. Denn Haushaltszucker ist im Prinzip nichts anderes als der aus Braumalz gewonnene Zucker, wobei Letzterer dem Bier hingegen etwas mehr spezifischen Charakter verleiht.

Das „schnelle" Brauverfahren.
Beim Extraktbrauverfahren startet man den Brauvorgang direkt mit dem Würzekochen, da mit dem sofort einsatzbereiten Extrakt der Maisch- und Abläutervorgang entfallen kann.

Brauvorgang Maischverfahren

Das Maischverfahren ist im Prinzip nichts anderes als ein Kochvorgang. Bei diesem werden bestimmte Temperaturen für eine gewisse Zeit eingehalten, wobei biochemische Reaktionen innerhalb des Malzes, durch die bereits beim Mälzen gebildeten und wieder stillgelegten, aber jetzt reaktivierten Enzyme, stattfinden, die für den weiteren Brauvorgang unerlässlich sind.

Infusionsverfahren

Das Maischen geht beim Infusions-Brauverfahren von unten nach oben vor sich. Die wichtigen durch den Maischvorgang veranlassten Prozesse spielen sich zwischen 40 °C und 75 °C ab. Innerhalb dieser Temperaturspanne müssen gewisse Rastzeiten eingehalten werden, bei denen die Maische so lange verweilt, bis ein gewisser Umwandlungsprozess stattgefunden hat. Ihre Einhaltung sowie die optimale Temperaturanhebung der Maische (ungefähr 1 °C pro Minute) zwischen den Rasten garantieren ein optimales Ergebnis. Das klassische Infusionsverfahren ist die 3-stufige Infusion mit Ein- und Abmaischvorgang.

TIPP

Brauen Sie besonders anfangs nach dem 3-stufigen Infusionsverfahren, um die besten Ergebnisse zu erzielen. Bei unseren Rezepten werden Sie auch auf 1- und 2-stufige Varianten stoßen, die ebenfalls gute und wohlschmeckende Biere produzieren.

Einmaischen

Das Infusionsverfahren beginnt mit dem Einmaischen, bei dem die Schüttung bei 30 bis 40 °C in den im Brautopf befindlichen Hauptguss klumpenfrei eingerührt wird. Wenn in Rezepten hierfür keine besonderen Angaben gemacht sind, können Sie entweder bei dieser Temperatur oder aber auch mit Beginn der Eiweißrast einmaischen, was eine Zeitersparnis bedeutet.

1. Stufe: Eiweißrast (Protease) 40 bis 55 °C

Das Optimum liegt zwischen 47 bis 53 °C, wobei Eiweiß durch spezielle Enzyme aufgespalten und abgebaut wird. Dies wiederum bewirkt eine bessere Klärung, längere Haltbarkeit und einen angenehmeren Geschmack der Biere. Eine verbleibende Menge Resteiweiß ernährt die Hefe bei der späteren Gärung und sorgt für gute Schaumbildung und dessen Stabilität.
Rastdauer: etwa 30 Minuten.

2. Stufe: Maltoserast (β-Amylase) 60 bis 65 °C

Das Optimum dieser Rast liegt bei etwa 63 °C. Hier wird die Stärke beziehungsweise der Mehlkörper des Malzkorns durch enzymatische Tätigkeit in vergärbaren Malzzucker umgewandelt. Es findet eine Vorverzuckerung im Malzkorn statt, welche auch Vorverkleisterung genannt wird. Dauer und Temperatur der Maltoserast bestimmen den späteren Endvergärungsgrad, somit auch den Alkoholgehalt. Höhere Rasttemperaturen oder verkürzte Rastzeiten ergeben mehr Dextrine (nichtvergärbare Zucker) und niedrigeren Vergärungsgrad, folglich weniger Alkoholgehalt. Tiefere Rasttemperaturen oder verlängerte Rastzeiten bewirken das Gegenteil.
Rastdauer: 45 bis 60 Minuten.

MALZAUSZUG – WANN UND WARUM?

Zur Sicherheit der Jod-Normalität nach dem Abmaischen, wenn bei Verzuckerungsrast diese nicht oder nur schlecht erreicht wird, ist es grundsätzlich empfehlenswert einen Malzauszug zu nehmen (klare Würze zwischen 60 °C bis 63 °C und zwar etwa 200 ml pro 20 l Bieransatz). Dieser wird (abgekühlt) bei Bedarf nach dem Abmaischen wieder zugesetzt, wodurch dessen Enzyme die Nachverzuckerung, also Jod-Normalität und Steigerung des Endvergärungsgrades bewirken und gewährleisten.

3. Stufe: Verzuckerungsrast (α-Amylase) 70 bis 75 °C

Hier liegt das Optimum bei etwa 73 °C. Bei dieser Temperatur bewirken Enzyme, dass der bereits in vergärbaren Zucker vorverkleisterte Mehlkern des Malzkorns nun endgültig in die entstehende Bierwürze gelöst, sprich verflüssigt, wird. Außerdem werden während dieser Rast mehr im Bier verbleibende Dextrine (nichtvergärbare Zucker) gebildet. Diese Zucker bestimmen ebenfalls Endvergärungsgrad und Alkoholgehalt, wobei wiederum Rastdauer und -temperatur entscheidend sind. Die Möglichkeiten der Beeinflussung sind gleich denen der zuvor beschriebenen Maltoserast.

Verzuckerung: Bei 73 °C wird die Malzstärke in Zucker umgewandelt. Verantwortlich hierfür sind Enzyme.

Eventuelle Farbmalzzugaben sollten Sie 10 bis 20 Minuten vor Rastende beigeben. Zusatzstoffe können Sie ebenfalls ab Rastmitte zufügen oder aber auch erst beim Würzekochen. Wird auf Grund der Jodprobe ein Malzauszug notwendig (siehe Infokasten oben), erfolgt die Zugabe erst nach dem Abmaischen. Falls nicht, mischen Sie den Malzauszug der heißen Würze wieder bei.
Rastdauer: 30 bis 60 Minuten beziehungsweise bis die Jodprobe normal ist.

Abmaischen

Der 3-stufige Hauptprozess des Maischens ist nun vorüber und wird mit dem Abmaischen durch eine Temperaturerhöhung auf 78 °C beendet. Dadurch lässt sich die Würze noch etwas länger im Verzuckerungsbereich halten, wodurch noch vorhandene Reststärke beim folgenden Abläutern nachverzuckert wird. Die Abmaischtemperatur darf 80 °C aber nicht übersteigen, da sonst die verantwortlichen Enzyme derart geschädigt werden, dass ihre Funktion ausfällt. Wird ein Malzauszug notwendig, geben Sie ihn jetzt zu.

Bier brauen – Schritt für Schritt

1. Welches Bier wird gebraut? (Schüttung / Vorbereitung)
Zunächst legen Sie fest, welches Bier gebraut wird. Hier fällt auch die Entscheidung bezüglich Bierart, Biergattung, Stammwürze und Biermenge, wobei Sie zur Unterstützung des Brauvorganges das Brauprotokoll hinzuziehen können. Danach wiegen Sie die Schüttung (Braumalz und eventuelle Zusatz- und Ersatzstoffe) ab und stellen die Brauhefe bereit.

2. Schroten des Malzes
Falls ein solcher Vorgang notwendig ist, muss er spätestens zu diesem Zeitpunkt erfolgen. Einfacher ist es allerdings, mit frisch geschrotetem Malz des Fachhändlers zu arbeiten. Geschrotetes Malz ist übrigens nur unwesentlich teurer als ungeschrotetes.

Die Maische wird mit dem Bierpaddel während des Maischprozess gründlich durchgerührt.

3. Rührtechnik oder Maischesacktechnik
Die Entscheidung für die eine oder andere der beiden Techniken wirkt sich auch auf den Einsatz der Brauutensilien aus. Das ursprüngliche Maischen beinhaltet ruhiges Rühren über Stunden hinweg, damit sich die Malze besser lösen können und das Malz am Kochtopfboden nicht anbrennt, was das spätere Bier eventuell brenzlig schmecken und dunkler werden ließe. Entscheiden Sie sich für diese Technik, so heißt's rühren, rühren und nochmals rühren.

Die Maische befindet sich im Maischesack und wird hin und wieder durch Schütteln des Sacks aufgelockert.

Maischesacktechnik
Die andere Möglichkeit ist das Maischen mit dem Maischesack, welcher auch als Läuterfilter und für den Einmal-Nachguss verwendet werden kann. So ein Maischesack (Maschenweite etwa 0,5 bis 0,8 mm) besteht aus lebensmittelechtem Kunststoffgeflecht und passt für alle gängigen Topfgrößen bis 50 l. Der Vorteil des Maischesackes besteht darin, dass die Schüttung in diesem, und nicht frei schwimmend, in den Maischekochtopf gegeben wird. Am Boden des Kochtopfes befindet sich ein flexibles Maischesackgitter, auf welchem der Maischesack während des ganzen Maischprozesses aufsitzt, daher keine Bodenberührung hat, also auch keine Möglichkeit zum Anbrennen des Malzes vorhanden ist. Um die Malzstoffe zu lösen, reicht es, den Maischesack hin und wieder mit beiden Händen vorsichtig im Sud durchzuschütteln und mit dem Bierpaddel aufzulockern.

MAISCHESACK UND -GITTER SELBST GEMACHT

Einen Maischesack erhalten Sie beim Fachhandel. Sie können sich einen solchen aber auch aus lebensmittelechter und temperaturbeständiger Kunststoffgaze selbst nähen (lassen). Das Maischesackgitter ist ebenfalls über den Fachhandel beziehbar. Selbermacher nehmen hierfür ein Lochblech mit großen Löchern oder ein Gitter aus Edelstahl, welche rundum mit 6 bis 8 Edelstahlschrauben (40 bis 50 mm lang) als Bodenabstandhalter versehen werden. Die Schrauben werden gegenüber der Kopfseite mit je 2 Muttern am Blech oder Gitter gekontert.

INFO

Die Maischesacktechnik kann bis etwa 50 l Brauvorhaben angewendet werden. Darüber hinaus sollte man die manuelle oder elektrische Rührtechnik einsetzen.

4. Welcher Brautopf wird verwendet?
Nachdem die Entscheidung für die Brautechnik gefallen ist, wird der zur Verfügung stehende Maisch-/Kochtopf bereit gestellt. Der ideale Behälter hierfür ist wohl der Einmachtopf mit Auslaufhahn und integrierter Heizung, bei dem auch das Maischen in Verbindung mit der Maischesacktechnik problemlos abläuft. Doch auch alle anderen, vom Volumen her ausreichende Töpfe sind natürlich geeignet.

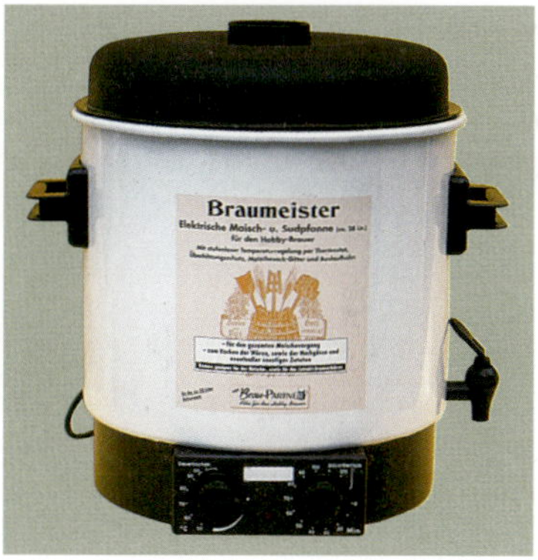

Links: Elektrisch beheizbarer Maischtopf mit Temperaturregler im Ablaufhahn.

Rechts: Einfacher Einkochtopf mit Einmachthermometer.

5. Hauptguss – Nachguss
Haben Sie den Hauptguss berechnet, sollten Sie ihn auch gleich bereit stellen. Um Zeit zu sparen, bereiten Sie gleichzeitig auch den Nachguss vor, besonders dann, wenn das Brauwasser aufbereitet wird. Ist das verwendete Brauwasser jedoch gleich dem zur Verfügung stehenden Leitungswasser, erübrigt sich die Vorbereitung, da Sie es bei Bedarf einfach dem Wasserhahn entnehmen können.

6. Einmaischen

Nach Erwärmen des Hauptgusses im Brautopf (Maischpfanne) auf eine entsprechend vorgegebene Einmaisch- beziehungsweise Eiweißrasttemperatur, rühren Sie die Schüttung mit Hilfe des Bierpaddels klumpenfrei ein. Beim Maischesackverfahren können Sie die Schüttung in den Maischesack und mit diesem dann gemeinsam in den Brautopf geben. Lockern Sie die Maische hin und wieder auf – entweder durch Rühren oder bei Verwendung des Maischesacks durch Schütteln im Sud.

7. Eiweißrast (Protease)

Nach Aufheizen auf Eiweißrast, diese gemäß Vorgabe (siehe Rezept) halten. Danach heizen Sie (1 °C / Minute) bis zur nächsten Raststufe auf.
Vorgehensweise: Rühr- oder Maischesacktechnik.

8. Maltoserast Beta- (β-) Amylase

Halten der Maltoserast gemäß Vorgabe (siehe Rezept). Danach heizen Sie (1 °C / Minute) bis zur nächsten Raststufe auf.
Vorgehensweise: Rühr- oder Maischesacktechnik.

9. Verzuckerungsrast Alpha- (α-) Amylase und Jodprobe(n)

Halten der Verzuckerungsrast gemäß Vorgabe (siehe Rezept).
Vorgehensweise: Rühr- oder Maischesacktechnik.

Zusatz- und Ersatzstoffe können Sie ab Rastmitte oder beim Würzekochen hinzufügen. Farbmalze geben Sie etwa 5 bis 10 Minuten vor Rastende beziehungsweise unmittelbar nach Jodnormalität zu. Beginnen Sie mit den Jodproben ab Rastmitte. Ist Jodnormalität erreicht, beenden Sie die Verzuckerungsrast, und heizen Sie danach (1 °C / Minute) auf Abmaischtemperatur auf.

10. Abmaischen

Nach Erreichen der Abmaischtemperatur (78 °C) beenden Sie das Infusionsmaischverfahren und bereiten den Abläutervorgang vor.

11. Abläutern

Gleich nach dem Abmaischen beginnt das Abläutern. Auch hier können Sie zwischen einer *klassischen* und einer *modifizierten* Methode wählen. Beide setzen den bewährten Maischesack als Läuterboden (Filter) voraus.

Schnelleres Abläutern erbringt später klarere Biere.

Die klassische Abläutermethode ...

... kommt dann zum Einsatz, wenn Sie per *Rührtechnik* gemaischt haben. In diesem Fall setzen Sie den Maischesack als Filter in den Durchlauf-Filtereimer ein und schöpfen mit einer Kelle die Vorderwürze nebst Treber in den Filtersack. Füllen Sie zuerst einige Kellen Treber ein, da diese die Würze noch zusätzlich filtern. Den zwischenzeitlich in einem separaten Topf auf 78 °C erwärmten Nachguss verteilen Sie mit 3 bis 4 Güssen über eine Lochkelle auf die Treber, um deren Restaussüßung zu bewirken.Zwischen den einzelnen Nachgüssen sollten Sie immer etwas warten, bis die Treberoberfläche einigermaßen abgetrocknet ist. Das braucht Zeit. Während der Nachgüsse müssen die Treber auch immer wieder mit der Kelle oder dem Bierpaddel aufgelockert werden. Die gesamte Würzemenge, die Pfannenvollwürze, wird nun gespindelt.

Treber und Würze werden mit einer Kelle zum Abläutern in den Durchlauf-Filtereimer gegeben.

Die modifizierte Abläutermethode ...

... ist einfacher und schneller. Vorausgegangen ist dieser Methode die Maischesacktechnik. In diesem Fall können Sie den Maischesack einfach mit dem ganzen Treberinhalt aus der Maischpfanne (Brautopf) herausheben und zum Abtropfen in den Durchlauf-Filtereimer, welcher über dem Braueimer steht, einsetzen. Die im Brautopf verbliebene und im Prinzip schon klare Würze könnten Sie auch schon vor dem Herausheben des Maischesackes direkt in den Braueimer abfließen lassen. Die andere Variante ist die, dass die Würze hinterher über die Treber fließt und somit wie eine Art Nachguss wirkt. Ob die Würze von selbst fließt oder ob sie herausgeschöpft werden muss, hängt natürlich davon ab, ob der Brautopf mit einem Auslaufhahn versehen ist. Fehlt ein Auslaufhahn, können Sie die Würze auch per Saugschlauch abziehen. Wenn Sie mit dem Mund ansaugen: Achtung! Die Würze ist noch heiß.

Zum Abtropfen wird der Treber komplett mit dem Maischesack in den Durchlauf-Filtereimer gesetzt.

Schütten Sie den Nachguss (Wasser) nun in den geleerten Brautopf, erwärmen ihn auf 78 °C und setzen Sie den Maischesack inklusive Treber erneut in den Brautopf ein. Durch vorsichtiges Schütteln und Bewegen des Maischesackes mit den Händen im erwärmten Nachguss lösen sich die Restzucker und können so auf einmal der bereits geläuterten Vorderwürze angeschwänzt (zugegossen) werden. Der Maischesack wird nun nochmals zum Abtropfen (Restaussüßung) in den über dem Braueimer stehenden Durchlauf-Filtereimer eingesetzt und dort belassen, bis der Vorgang beendet ist.

Hopfen wird der kochenden Würze zugegeben.

TIPP

Füllen Sie einige Glaskugeln oder Kieselsteine in die Mousselinsäckchen. Sie sorgen dafür, dass der leichte Naturhopfen nicht nur an der Oberfläche schwimmt, sondern in der sprudelnden Würze umherwirbelt, was eine gute Lösung der Hopfenbestandteile bewirkt.

12. Würze- und Hopfenkochen

Die Pfannenvollwürze wird wieder in den Maischpfanne (Brautopf) umgefüllt, welche jetzt als Würzepfanne dient und in dem Hopfen und Würze miteinander gekocht werden. Die Hopfenmenge und die Anzahl der Hopfengaben entnehmen Sie bitte den Rezepten. Das Kochen sterilisiert die Würze, löst die für das Bier notwendigen Hopfenbestandteile und überführt sie in die Würze. Außerdem werden die Enzyme zerstört und Eiweiß geronnen, um später als Bruch auszufallen. Schließlich wird die Würze auf einen bestimmten Stammwürzegehalt konzentriert, indem die Pfannenvollwürze teilweise verdampft, wodurch sich das Würzevolumen verringert und der Extraktgehalt (Stammwürze) ansteigt.

Das Kochen sollte am besten bei leicht geöffnetem Deckel erfolgen. Sich an Deckel und Innenwand ablagernde Hopfenbestandteile können Sie mit einem Löffel hin und wieder in die Würze zurückschaben. Zusatz- und Ersatzstoffe müssen während der Temperaturspanne von 40 bis 90 / 100 °C zugegeben werden. Dies gilt insbesondere für das Extraktverfahren, aber auch für das Maischverfahren, wenn die Beikochung nicht schon während des Maischens (Verzuckerungsrast) erfolgte. Mit dem Ende des Würzekochens entsteht die Ausschlagwürze, welche, bis auf wenige Verluste durch Verdunstung und Gärung, in etwa der späteren Biermenge entspricht.

13. Hopfenseihen

Darunter versteht man das Trennen des Naturhopfens von der Würze mittels eines Siebes. Da Sie aber wahrscheinlich in erster Linie mit Pellets arbeiten werden, welche sich staubähnlich in der kochenden Würze lösen, entfällt diese Filtration. Möchten Sie dennoch Naturhopfen verwenden, sollte dieser auf mehrere Mousselinsäckchen verteilt und in der Würze mitgekocht werden. Dadurch wird später das Filtrieren erleichtert, da die Säckchen nach Kochende bequem und einfach der Würze entnommen werden können.

14. Würzekühlung – Trubausscheidung

Vor Gärbeginn muss die heiße Ausschlagwürze abgekühlt werden. Dabei entsteht unmittelbar nach dem Kochen der *Heißtrub* und beim Abkühlen in Temperaturhöhe von etwa 60 °C der *Kühltrub*. Beide setzen sich hauptsächlich aus Eiweiß, Bitterstoffen und anderen organischen Stoffen zusammen. Dieser

Trub muss ausgefiltert werden, weil sonst die nachfolgende Gärung nicht optimal ablaufen würde. Besonders der grobflockige Heißtrub. Für die Trubentfernung haben Sie zwei Möglichkeiten:

Bei der Filtration …,
… kommt die Kombination Durchlauf-Filtereimer und Braueimer wieder zum Einsatz und letzterer wird gleich als Gärbehälter genutzt. Anstatt des Maischesackes legen Sie nun ein wesentlich feinmaschigeres Trubfiltergewebe einfach oder doppelt ein. Theoretisch wäre je ein Filtervorgang für Hopfen, Heiß- und Kalttrub notwendig, wobei diese bei verschiedenen Temperaturen stattfinden müssten.

Bei der Sedimentation …
… lassen Sie die auszuscheidenden Stoffe über Nacht absitzen, um die Würze danach so abzuziehen, dass die unerwünschten Stoffe zurückbleiben. Mit dieser Methode bewältigen Sie den ganzen Ausscheidungsprozess in einem Vorgang. Nach Kochende lassen Sie die Würze komplett im Kochtopf und verschließen ihn mit dem dazugehörenden Deckel. Kleben Sie diesen mit Kreppband rundum ab, so dass der Topf abgedichtet ist. Lassen Sie alles bis zum anderen Tag stehen. Vorteil: die Würze kühlt ohne Infektionsgefahr ab, und Hopfen sowie Heiß- und

Hopfenseihen und Trubfilterung („Brau-Partner-System")

Die gekochte Würze wird von Trubteilen und Hopfenresten befreit.

Gummiband (fixiert das Filtergewebe am Außenrand).

Die vom Trub und ausgekochtem Hopfen zu trennende Würze wird in das spezielle Filtertuch gefüllt.

Lochseiher (sorgt für zügigen Filtriervorgang, hält das Filtertuch auf Distanz zum Bodenauslauf des Durchlaufbehälters.

Durchlauf-Filtereimer „Filter-Fix"mit verschließbaren Auslaufstutzen (passt exakt auf den „Brau- und Gäreimerdeckel").

Ablaufstutzen

Deckel mit gasdicht verschließbarer Füllöffnung.

Brau- und Gäreimer (hier als Gäreimer benutzt), nimmt die Anstellwürze auf. Nach Ende der Hauptgärung wird das Jungbier direkt über den Ablaufhahn abgefüllt.

Kalttrub können mit einem Mal abgetrennt werden – theoretisch sogar ohne Filtervorgang, wenn man es fertig bringt, die klare Würze ohne Bodenablagerungen abzuziehen. Sicherheitshalber sollten Sie aber doch eine Filtration, wie zuvor beschrieben, vornehmen.

15. Einstellen der Stammwürze

Der Extraktgehalt der Ausschlagwürze wird nun gespindelt, um den Stammwürzegehalt festzustellenund notfalls zu korrigieren (siehe S. 57)...

Die Würze wird mit rehydrierter Trockenbierhefe „angestellt" (vermischt).

16. Anstellen der Würze mit Hefe

Nachdem die Würze, jetzt auch Anstellwürze genannt, im Gäreimer auf die benötigte Gärtemperatur eingestellt ist, rühren Sie die vorbereitete Bierhefe kräftig in die Würze ein, so dass genügend Sauerstoff mit einfließt, der für eine rasche An- und Weitergärung sorgt. Je schneller die Gärung nämlich zu Stande kommt und sich Oberflächenschaum bildet, um so sicherer ist dies für die in diesem Zustand anfällige Würze.

17. Schnellvergärungsprobe und Abfüllzeitpunkt

Mit etwa 200 ml Würze können Sie nun die Schnellvergärungsprobe durchführen und den exakten Abfüllzeitpunkt bestimmen.

Durch kräftiges Unterrühren der Hefe gelangt Sauerstoff in die Würze, der die Angärung beschleunigen hilft.

18. Hauptgärung

Nach „Ankommen" der Hefe in der Würze (Gärbeginn), etwa nach 12 bis 36 Stunden, beginnt die Hauptgärung. Diese ist je nach Hefeart (unter- oder obergärig) von unterschiedlicher Dauer. Auch optisch unterscheiden sich die beiden Hefen während der Hauptgärung. Die obergärige ist wilder und produziert größere Schaumberge, während die untergärige weit weniger heftig reagiert. Brauner Gärschaum, durch Hopfenöl-Sauerstoffverbindung entstanden, sowie schmierigbraune Hefeablagerungen müssen abgeschöpft werden, da sie sich negativ auf den späteren Biergeschmack auswirken. Die weiße Schaumdecke sollte als Schutzschild gegen Außeneinflüsse hingegen erhalten bleiben.

Um den richtigen Abfüllzeitpunkt nicht zu verpassen, beobachten Sie den Verlauf der Hauptgärung mit der Bierspindel und bestimmen schließlich sein Ende im Spindelzylinder genau. Geübte Hobbybrauer erkennen den ungefähren Abfüllzeitpunkt auch ohne Spindeleinsatz daran, dass die Kohlensäureentwicklung nachlässt und die Blasen spärlicher aufsteigen. Mit Beendigung der Hauptgärung wird das halbfertige Bier als *Jungbier* bezeichnet.

Jungbier wird per Automatik-Abfüllrohr in eine Flasche „geschlaucht".

19. Schlauchen

Um den Reifeprozess fortzusetzen und um bei der folgenden Nachgärung weitere Kohlensäure zu bilden, muss das Jungbier aus dem Gärbottich in andere, geschlossene Behältnisse umgefüllt werden. Dieser Vorgang wird als *Schlauchen* bezeichnet. Mit Hilfe eines Schlauches und einer Schlauchklemme oder eines Abfüllrohres mit Stop-Funktion, ziehen Sie das Jungbier zum richtigen Zeitpunkt möglichst „lauter" (rein) über den Bodenablagerungen des Gärfasses ab, und füllen es so in die zuvor bestens gereinigten Flaschen oder Fässer. Die Schlauchlänge sollte bis knapp über den Boden der zu befüllenden Behältnisse reichen, um eine Schaumbildung beim Abfüllen zu vermeiden und dadurch möglichst wenig der bei der Hauptgärung bereits entstandenen Kohlensäure zu verlieren. In den Brauereien ist das Schlauchen heutzutage mehr ein Abfließen, während der Hobbybrauer mit seiner ihm zur Verfügung stehenden Technik schon eher diesem Vorgang gerecht wird.

Zum Abfüllen des Jungbieres kann auch ein flexibler Schlauch mit Klemme dienen. Praktisch immer dann, wenn in größere Behältnisse geschlaucht werden soll.

20. Nachgärung und Druckkontrolle

Obergäriges Bier sollten Sie 5 bis 7 Tage bei Zimmertemperatur nachgären lassen. Dies gilt auch für untergäriges Bier, wenn es mit einer speziellen untergärigen Trockenbierhefe (Lagerhefe) vergärt wurde. Ansonsten liegen die Nachgärtemperaturen für untergäriges Bier bei 2 bis 8 °C ebenfalls für 5 bis 7 Tage. Während der Nachgärung sollten Sie ab dem zweiten Tag prüfen, ob die Kohlensäurebildung normal verläuft, indem Sie die Flaschen kurz öffnen und wieder schließen. Deshalb sind Bügelverschlussflaschen nach wie vor die geeignetsten Behältnisse für Hobbybrauer, besonders bei den ersten Brauversuchen. Bei dieser Aktion können Sie hören, ob der Abfüllzeitpunkt richtig gewählt wurde. Haben Sie zum rechten Zeitpunkt geschlaucht, dürften Sie ein sanftes „Plopp" vernehmen, welches darauf hinweist, dass während der Nachgärung und Lagerzeit alles richtig verläuft und eine entsprechende Kohlensäurebildung zu erwarten ist. Ist das Geräusch jedoch eher ein „Knall", eventuell mit Schaumaustritt verbunden, so deutet dies eindeutig auf eine zu früh beendete Hauptgärung hin. In diesem Fall bleibt Ihnen nichts anderes übrig, als die Flaschen (Behält-

Um Kohlensäure bei der Nachgärung zu bilden, wird mit Hilfe eines Trichters und Teelöffels Zucker oder Malzpulver zugesetzt.

HEFETRÜB – WIE ES DAZU KOMMT

Im Gegensatz zum Hobbybrauer lässt der gewerbliche Braumeister sein geschlauchtes Jungbier in speziellen Tanks nachgären. Während dieser Zeit reichert sich das Bier noch zusätzlich mit Kohlensäure durch die Vergärung von Restzucker an, wodurch sich eine weitere Hefeschicht am Behälterboden ablagert. Das Gleiche geschieht auch in den Flaschen und Fässern des Hobbybrauers. Dieser muss und kann mit diesem Umstand leben, indem er beim Einschenken (nach Lagerung und Klärung) entsprechend vorsichtig verfährt, damit die Sedimentation am Boden zurückbleibt. Mag er sein Bier jedoch „natur-" oder„hefetrüb", so braucht er beim Einschenken weniger vorsichtig zu sein. In Brauereien wird das Bier aus dem Nachgärtank zuerst durch einen Filter geführt, bevor es in Flaschen und Fässer gelangt. Um Kohlensäureverlust zu vermeiden, geschieht dies mit Gegendruck.

nisse) die nächsten Tage immer wieder kurz zu öffnen, bis sich der Sturm gelegt hat. Sollte jedoch beim Öffnen gar kein Geräusch zu hören sein, haben Sie den Abfüllzeitpunkt schlichtweg verpasst. Dann hilft nur noch das Hinzugeben von ½ Teelöffel Zucker oder Trocken-Malzextrakt pro Flasche oder 100 g dieser Ingredienzien für ein 20 bis 25 l Fass, um die Nachgärung wieder in Schwung zu bringen. Danach kontrollieren Sie den Druck wie zuvor beschrieben.

21. Lagerung und Klärung

Der Nachgärung folgt die möglichst dunkle Lagerung des Bieres, bei der es sich klärt und noch weiter mit Kohlensäure anreichert. Die Flaschen oder Fässer werden nun nicht mehr geöffnet. Während der Lagerung lässt die Bittere des Hopfens nach und der Malzgeschmack verfeinert sich. Das Bier reift zum typischen Geschmack hin. Eine kühle Lagerung ist die beste, jedoch nicht immer einfach zu bewerkstelligen. Obergärige Biere sowie untergärige Biere, die mit einer Spezial-Trockenhefe (Lagerhefe) vergoren wurden, können auch bei Kellertemperatur (15 bis 18 °C) lagern. Ideal wäre ein Temperaturbereich von 5 bis 10 °C. Dagegen sollten untergärige Biere, welche mit Flüssighefe gebraut wurden, bei 1 bis 3 °C lagern und reifen. Die ideale Lagerzeit für selbst gebrautes Bier wird mit 4 bis 8 Wochen angegeben, wobei aber ein „Selbstgebrautes" auch schon nach 1 bis 2 Wochen Lagerzeit ganz interessant schmecken kann.

Prinzipiell gilt: Je kühler die Lagerung, desto besser Klärung, Haltbarkeit und Kohlensäurebildung.

Brauvorgang Extraktverfahren

Der Vorteil dieses Verfahrens im Vergleich zum Infusionsmaischverfahren liegt unübersehbar darin, dass der gesamte Brauvorgang bis zum Abläutern entfällt, was eine enorme Zeitersparnis beim Brauen bedeutet und gerade deswegen zum Ausprobieren und Experimentieren einlädt. Durch den Extrahiervorgang bei der Extraktgewinnung muss jedoch ein geringer, geschmackstypischer Abstrich gegenüber dem gemaischten Bier gemacht werden, der aber teilweise durch Erfahrung und Zusatzstoffe zu kompensieren ist. Ansonsten gelten für dieses Verfahren die gleichen Voraussetzungen wie für das Maischeverfahren. Für das Extraktverfahren gibt es drei Varianten.

Fertigset-Verfahren
Solche Fertigsets in Dosen, meist für 20 bis 22 l Bier, bestehen aus gehopftem Malzextrakt, separater Trockenbierhefe sowie Brauanleitung und sind zum Brauen eines bestimmten Bieres gedacht. Der Inhalt wird ohne große Umstände direkt in den Gäreimer geschüttet und die Dose zwecks Lösung und Ausspülung des zähflüssigen Restextraktes mit heißem Wasser befüllt, um diesen danach ebenfalls in den Gäreimer zu geben. Sie können den gehopften Malzextrakt auch zuvor, wie beschrie-

Diverse Fertigbrausets: Diese Sets bestehen aus gehopften Malzextrakt und beinhalten außerdem Hefe sowie eine genaue Brauanleitung.

ben, in einen Topf füllen und mit 4 bis 5 l Wasser 30 bis 40 Minuten kochen, was die Würze noch weiter sterilisiert und die spätere Klärung begünstigt. Nachdem sich die nun so oder so teilverdünnte und zwischenzeitlich klumpenfrei gerührte Würze im Gäreimer befindet, wird sie mit Wasser aufgefüllt, wodurch sich gleichzeitig Gärtemperatur (18 bis 22 °C) einstellt. Nun rühren Sie die rehydrierte Trockenbierhefe ein. Die weitere Vorgehensweise entspricht dem beschriebenen Infusions-Maischeverfahren ab „Einstellen der Stammwürze".

Einfaches Extraktverfahren (ohne Kochen)

Die Schüttung kann bei dieser Variante nur aus Malzextrakten bestehen, ohne jegliche Zusatzstoffe, da nicht gekocht wird. Dieses Verfahren ist das schnellste überhaupt und zugleich das einfachste. Geben Sie ein oder mehrere Malzextrakte aus der Dose je nach Rezeptur in den Brau- und Gäreimer sowie den mit heißem Wasser verflüssigten Restextrakt der Dosen. Danach rühren Sie die Mischung klumpenfrei und füllen mit normal temperiertem Wasser bis auf das Gesamtvolumen auf. Nach Einstellen des Stammwürzegehaltes und der Gärtemperatur rühren Sie die rehydrierte Trockenbierhefe kräftig ein. Erst nach Beendigung der Hauptgärung geben Sie bei dieser Methode den Hopfen ins Jungbier. Und zwar flüssiger Iso-Hopfen (1 bis 3 Beutel à 25 mg / 20 l Bieransatz), der keinen Kochvorgang mehr benötigt. Dadurch erhält das Bier seine Bittere. Das Hopfenaroma erreichen Sie durch Zugabe von 5 mg (1%-igem) Hopfenöl (pro 20 l). Die beiden Hopfengaben müssen eingerührt werden. Die gehopfte Würze sollte nun noch einige Zeit (etwa 30 bis 60 Minuten) ruhen, damit sich die Hefe wieder am Boden ablagern kann. Danach wird geschlaucht und mit „Nachgärung" gemäß Infusions-Verfahren weitergemacht.

TIPP

Falls kein geeigneter Kochtopf (25 bis 30 l) für die Komplettsud-Technik zur Verfügung steht, können Sie zum Kochen auch einen kleineren Topf verwenden. Dann kann allerdings bei dieser Teilsud-Technik nicht die gesamte Brauwassermenge mitkochen, sondern nur ein Teil. Das Restbrauwasser geben Sie in diesem Fall später beim Anstellen, also vor Beginn der Hauptgärung, zu. Prinzipiell brauchen Sie für das Extraktverfahren die gleichen Brauutensilien wie bei der Infusion – nur in geringerem Umfang.

Klassisches Extraktverfahren (mit Kochen)

Dieses Verfahren kommt dem Infusionsverfahren vom Aufwand am nächsten, obwohl auch hier der Brauvorgang erst mit dem Würze-/Hopfenkochen beginnt. Stellen Sie die Schüttung (Malzextrakte und etwaige Zusatzstoffe) wie vorverkleistertes Getreide, welches durchaus positive Geschmacknuancen einbringt, bereit. Den Malzextrakt geben Sie zusammen mit Hopfen und Wasser in den Brautopf. Den Restmalzextrakt in den Dosen spülen Sie wieder mit heißem Wasser aus, geben ihn ebenfalls dazu und rühren die Mischung klumpenfrei. Befinden sich die Zutaten im Brautopf (Würzepfanne), beginnt das Auf-

GENIESSEN UND BEURTEILEN

Bevor Sie Ihr Sebstgebrautes genießen, noch etwas zu seiner Zusammensetzung. Ein Vollbier mit 12 % Stammwürzegehalt besteht aus etwa 4,5 % Extrakt (Kohlenhydrate, Eiweiß, Mineralstoffe, Vitamine), 5 % Alkohol-Vol., 0,5 % Kohlensäure und 90 % Wasser. Gönnen Sie sich Ihr erstes Gläschen, wobei Sie beim Einschenken wegen des Bodentrubs vorsichtig sein sollten, möchten Sie ein klares Glas Bier haben. Im anderen Fall wäre es halt hefetrüb oder unfiltriert und somit auch wieder voll im Trend. Beurteilen kann man selbst gebraute Biere ähnlich wie professionell hergestellte. Nämlich nach Schaumverhalten, Geruch, Antrunk (Vollmundigkeit / Aroma), Rezens (schal oder spritzig) und Nachtrunk (Hopfenaroma), wodurch man schließlich zu einem Gesamteindruck kommt. Wenn Sie möchten, können Sie sich hierfür eine eigene Punkte-Tafel konstruieren.

heizen auf Kochtemperatur (100 bis 110 °C). Die eventuell verwendeten Zusatzstoffe, wie auch Caramalz, Farbmalz und verkleisterte Frucht, füllen Sie in Mousselinsäckchen, geben sie der Würze bei 40 °C zu und entnehmen sie wieder kurz vor Kochbeginn (90 bis 100 °C). Die Würze kocht wie auch beim Infusionsverfahren etwa 90 Minuten. Ansonsten folgen Sie im Brauvorgang gemäß den Schritten des beschriebenen Infusionsverfahrens ab „Würze-/Hopfenkochen" beziehungsweise „Hopfenseihens".

***Links:** Malzextrakt wird gleich aus der Dose in den Gärbehälter gefüllt.*

***Rechts:** Mousselinsäckchen gefüllt mit Zusatzstoffen für die Zugabe zur Würze.*

Braufehler – und was Sie dagegen tun können

Situation	Hilfe
Aufheizen beim Maischen oder Würzekochen geht zu langsam, gewünschte Temperatur wird nicht erreicht	❑ Energiequelle überprüfen, notfalls gegen eine mit größerer Leistung austauschen
Maische brennt an (nicht bei Maischesacktechnik)	❑ mehr und intensiver rühren ❑ überprüfen, ob Maische zu dickflüssig ist, also Hauptguss zu gering war, dann Wasser nachgießen
Rasttemperatur überschritten	❑ Topf vom Ofen nehmen, Energie reduzieren; notfalls kaltes Wasser zugeben Achtung: Über 80 °C Zerstörung der Enzyme
Jodnormalität stellt sich beim Maischen nicht ein	❑ Maltoserast verlängern, Verzuckerungsrast fortsetzen ❑ Malzauszug beimischen (nach Abmaischen) ❑ geben Sie auch dann einen Malzauszug dazu, wenn auf Grund eines zu hohen Anteils von dunklen Malzen die Enzyme zu knapp sind, um eine ordentliche Verzuckerung zu gewährleisten
Bier ist untypisch hell	❑ dunkleres Malz (-Extrakt) verwenden ❑ Farbmalz zugeben
Bier ist untypisch dunkel	❑ helleres Malz verwenden ❑ beim Maischen eventuell mehr rühren, damit Malz wegen Anbrennen nicht zufärbt
extrem langsamer Abläutervorgang	❑ zu fein geschrotetes Malz verstopft Läutersieb, grober schroten ❑ Auslauf überprüfen, ob verstopft, gegebenenfalls säubern
Vorderwürze hat zu wenig Extraktgehalt (deutlich unter 20 %)	❑ Rasten und Temperaturen genauer einhalten, damit Malzumwandlung besser funktioniert ❑ Malz etwas feiner schroten, dadurch bessere Vorverzuckerung, ❑ Hauptgussmenge war zu groß
Stammwürzegehalt der Anstellwürze stimmt nicht	❑ zu hoch: mit zusätzlichem Wasser Anstellwürze nach unten regulieren ❑ zu niedrig: mit zusätzlichem Malzextrakt nach oben regulieren oder Pfannenvollwürze länger einkochen
Bier klärt sich schlecht oder zu langsam oder zeigt Trübungen	❑ länger lagern ❑ kälter nachgären (unter 5 °C) ❑ länger kochen (um Eiweißtrübungen zu verhindern) ❑ weniger heiß anschwänzen, da über 80 °C heißes Wasser auch unverzuckerte Stärke aus den Trebern wäscht, die im Bier dann später Trübungen hervorrufen

Situation	Hilfe
	❑ stärker hopfen, höher vergären und möglichst ohne Luftberührung abfüllen (um Trübungen durch Infektionen zu vermeiden)
zu wenig oder zu viel Hopfenbittere und -aroma	❑ Würzekochen verlängern (erhöht Hopfenbittere) ❑ Hopfenqualität überprüfen, notfalls andere Sorte verwenden ❑ Hopfengabe erhöhen oder verringern ❑ länger lagern, notfalls bis zu 3 Monate und länger (vermindert Hopfenbittere) ❑ wenn vor dem Schlauchen (Abfüllen) erkannt, in Alkohol gelösten, überwiegend nur aus Aroma bestehendes Hopfenöl (5 – 10 mg / 20 l) bzw ISO-Hopfenextrakt zugeben
Hefe kommt nicht in der Würze an	❑ neue Hefe verwenden (Trockenhefe rehydrieren) ❑ Gärtemperatur überprüfen ❑ Würze durch Rühren gut belüften (braucht Sauerstoff) ❑ Maltoserast nicht höher als 65 °C, sonst zu wenig vergärbare Zucker ❑ Sud eventuell filtern, nochmals aufkochen und mit frischer Hefe erneut anstellen
zu viel Druck (Kohlensäure) bei der Nachgärung	❑ zu früh geschlaucht, öfter Druckkontrolle, bis Zustand normal ❑ kühler lagern
zu wenig Druck (Kohlensäure) bei der Nachgärung	❑ zu spät geschlaucht, beheben durch Zucker-bzw. Malzzugabe
zu wenig Schaumbildung bzw. rascher Verfall	❑ überprüfen ob Behältnisse (Flaschen, Fässer etc.) dicht sind ❑ Schlauchen mit geringstem Kohlensäureverlust (Abfüllrohr/-schlauch bis zum Boden) ❑ bei niedrigerer Temperatur nachgären ❑ Eiweißrast kürzen (für bessere Schaumqualität) bzw. stärker hopfen, klarer abläutern ❑ Trub besser ausfiltern, niedriger vergären oder bei höherer Temperatur einmaischen
Vollmundigkeit des Bieres lässt zu wünschen übrig	❑ Schüttung erhöhen ❑ stärker hopfen ❑ Eiweißrast verlängern ❑ Caramalz-Zugabe erwägen
Bier ist zu süß	❑ Maltoserast verlängern ❑ bei niedrigerer Temperatur nachgären ❑ kompletten Sud zurück in den Braueimer, Malz oder Zucker zusetzen und mit Hefe erneut vergären (Aufkräusen) und hernach wieder zum richtigen Zeitpunkt abfüllen

Bierrezepte aus aller Welt

Beliebtes, Bekanntes und Außergewöhnliches

Ideen fürs Nachbrauen und Experimentieren

Neben Rezepten für gängige und bekannte Biere, zeigen wir Ihnen auch solche für außergewöhnliche, seltene und traditionelle Biere des Auslands, deren Nachbrau sicherlich interessant ist. Sie können aber genauso durch Abänderungen der Rezeptvorschläge ganz neue Biere kreieren.

Die Maischrezepte basieren alle auf der Infusionsmethode, wobei bei diesen zu beachten ist, dass nicht immer und grundsätzlich nach der 3-stufigen Methode gebraut wird, sondern rezeptbedingt auch 1- und 2-stufige Methoden angewendet werden. Beim individuellen Brauen sollten Sie sicherheitshalber auf die beschriebene 3-stufige Methode zurückgreifen. Die Angaben der Rezepte sind knapp gehalten, beinhalten jedoch alle notwendigen Daten, um das betreffende Bier nachzubrauen. Details für den Brauvorgang und des speziell angewendeten Verfahrens finden Sie in den entsprechenden Kapiteln. Die für die einzelnen Biere angegebenen Abfüllzeitpunkte sollten Sie nur als Richtwerte ansehen, weil zu viele Faktoren vorort mitspielen, die diese Angaben verändern können. Deshalb sollten Sie immer eine Schnellvergärungsprobe durchführen, zumindest beim ersten Braugang, um exaktere Werte zu erhalten.

INFO

Alle Rezepte beziehen sich auf 20 l fertiges Bier. Die Angaben bezüglich Stammwürze, Hopfenbittere, Bierfarben und Alkoholgehalte können aus verschiedenen Gründen nur „ca.-Werte" darstellen.

Bei den Extrakt-Versionen wird außerdem angegeben, mit welcher Technik zu brauen ist – ob mit oder ohne Kochen. Die detailierte Beschreibung der unterschiedlichen Verfahren finden Sie auf Seite 72 bis 89. Hier werden lediglich die zuvor im Infusionsrezept angegebenen Hauptmalze (Pilsener-, Wiener-, Münchnermalz) durch Malzextrakte ersetzt. Zusatzstoffe, wie Caramalz, Farbmalz, Zucker, Fruchtflocken und eventuell Laktose bleiben weiterhin Rezeptbestandteil und sind gemäß Beschreibung mitzukochen.

Österreichisches Weizenbier

obergärig
Stammwürze: 12,5 %
Hopfenbittere: 20 EBU
Bierfarbe: 9 EBC
Alkohol: 5,0 Vol.-%
Abfüllzeitpunkt: 3,5 %

1-stufiges Infusionsmaischverfahren:

3000 g Pilsener Malz
1600 g Weizenmalz hell
35 g Aromahopfen (7,5 % α) in 2 Zugaben:
1. 30 g nach Kochbeginn,
2. 5 g vor Kochende

◇ Einmaischen: bei 40 °C und so 25 Min. halten.

◇ 1. Rast: 90 Minuten bei 66 °C

◇ Abmaischen bei 78 °C

◇ Kochzeit: 90 Minuten

Bayerisches Weizenbier

obergärig
Stammwürze: 13,4 %
Hopfenbittere: 14 EBU
Bierfarbe: 20 EBC
Alkohol: 5,5 Vol.-%
Abfüllzeitpunkt: 3,5 %

3-stufiges Infusionsmaischverfahren:

3000 g Weizenmalz hell
850 g Pilsener Malz
1100 g Wiener Malz
350 g Caramalz hell
15 g Farbmalz
30 g Aromahopfen (7,5 % α) in 2 Zugaben:
1. 20 g nach Kochbeginn
2. 10 g vor Kochende

◇ Einmaischen: bei 40 °C

◇ 1. Rast: 20 Minuten bei 50 °C

◇ 2. Rast: 60 Minuten bei 65 °C

◇ 3. Rast: 10 Minuten bei 76 °C

◇ Abmaischen bei 78 °C

◇ Kochzeit: 90 Minuten

Bamberger Rauchbier

obergärig
Stammwürze: 13,4 %
Hopfenbittere: 30 EBU
Bierfarbe: 52 EBC
Alkohol: 5,3 Vol.-%
Abfüllzeitpunkt: 3,7 %

3-stufiges Infusionsmaischverfahren:

4800 g Rauchmalz
100 g Farbmalz
42 g Aromahopfen (7,5% α) in 1 Zugabe 10 Minuten nach Kochbeginn

- Einmaischen: bei 40 °C
- 1. Rast: 20 Minuten bei 50 °C
- 2. Rast: 60 Minuten bei 65 °C
- 3. Rast: 10 Minuten bei 76 °C
- Abmaischen bei 78 °C
- Kochzeit: 90 Minuten

Bayerischer Weizendoppelbock

obergärig
Stammwürze: 18,5 %
Hopfenbittere: 22 EBU
Bierfarbe: 43 EBC
Alkohol: 7,9 Vol.-%
Abfüllzeitpunkt: 4,8 %

3-stufiges Infusionsmaischverfahren:

4300 g Weizenmalz hell
1050 g Münchner Malz
1000 g Pilsener Malz
800 g Caramalz hell
30 g Farbmalz
40 g Aromahopfen (7,5 % α) in 2 Zugaben:
1. 30 g nach Kochbeginn,
2. 10 g vor Kochende

- Einmaischen: bei 35 °C
- 1. Rast: 20 Minuten bei 50 °C
- 2. Rast: 60 Minuten bei 65 °C
- 3. Rast: 10 Minuten bei 76 °C
- Abmaischen bei 78 °C
- Kochzeit: 90 Minuten

Weizenbräu hell

obergärig
Stammwürze: 12,4 %
Hopfenbittere: 18 EBU
Bierfarbe: 6 EBC
Alkohol: 5,0 Vol.-%
Abfüllzeitpunkt: 3,4 %

2-stufiges Infusionsmaischverfahren:

2750 g Pilsener Malz
1800 g Weizenmalz hell
25 g Aromahopfen (7,5 % α) in 1 Zugabe 10 Minuten nach Kochbeginn

- Einmaischen: bei 40 °C
- 1. Rast: 30 Minuten bei 50 °C
- 2. Rast: 60 Minuten bei 66 °C
- Abmaischen bei 78 °C
- Kochzeit: 90 Minuten

Extraktbrauweise (mit Kochen):

1900 g Gerstenmalzextrakt extrahell
1200 g Weizenmalzextrakt

Hefeweizen

obergärig
Stammwürze: 12,2 %
Hopfenbittere: 18 EBU
Bierfarbe: 9 EBC
Alkohol: 5,0 Vol.-%
Abfüllzeitpunkt: 3,5 %

2-stufiges Infusionsmaischverfahren:

1900 g Wiener Malz
2700 g Weizenmalz hell
25 g Aromahopfen (7,5 % α) in 1 Zugabe 10 Minuten nach Kochbeginn

- Einmaischen: bei 35 °C
- 1. Rast: 30 Minuten bei 50 °C
- 2. Rast: 60 Minuten bei 66 °C
- Abmaischen bei 78 °C
- Kochzeit: 90 Minuten

Extraktbrauweise (mit Kochen):

1700 g Weizenmalzextrakt hell
1300 g Gerstenmalzextrakt extra hell
50 g Gerstenmalzextrakt bernstein

Berliner Weiße

obergärig
Stammwürze: 7,5 %
Hopfenbittere: 8 EBU
Bierfarbe: 5 EBC
Alkohol: 3,0 Vol.-%
Abfüllzeitpunkt: 2,3 %

1-stufiges Infusionsmaischverfahren:

2000 g Wiener Malz
800 g Weizenmalz hell
20 g Bitterhopfen (7,6 % α) in 1 Zugabe 10 Minuten nach Kochbeginn

- Einmaischen: bei 40 °C und so 25 Min. halten.
- 1. Rast: 90 Minuten bei 66 °C
- Abmaischen bei 78 °C
- Kochzeit: 15 Minuten

Extraktbrauweise (mit Kochen):

1100 g Gerstenmalzextrakt extrahell
500 g Weizenmalzextrakt hell
30 g Gerstenmalzextrakt bernstein

Bayerisches Hefeweißbier

obergärig
Stammwürze: 12,5 %
Hopfenbittere: 18 EBU
Bierfarbe: 9 EBC
Alkohol: 5,2 Vol.-%
Abfüllzeitpunkt: 3,5 %

1-stufiges Infusions-maischverfahren:

2600 g Weizenmalz hell
2100 g Wiener Malz
44 g Aromahopfen (5,0 % α) in 3 Zugaben:
1. 26 g nach Kochbeginn,
2. 10 g bei Kochzeit-Mitte,
3. 8 g vor Kochende

◇ Einmaischen: bei 35 °C und so 15 Min. halten.

◇ 1. Rast: 90 Minuten bei 66 °C

◇ Abmaischen bei 78 °C

◇ Kochzeit: 90 Minuten

Extraktbrauweise (mit Kochen):

1700 g Weizenmalzextrakt hell
1300 g Gerstenmalzextrakt extrahell
50 g Gerstenmalzextrakt bernstein

Weißbier Ayinger Art

obergärig
Stammwürze: 12,0 %
Hopfenbittere: 15 EBU
Bierfarbe: 8 EBC
Alkohol: 5,0 Vol.-%
Abfüllzeitpunkt: 3,4 %

1-stufiges Infusions-maischverfahren:

2500 g Wiener Malz
2000 g Weizenmalz hell
20 g Aromahopfen (7,5 % α) in 1 Zugabe 10 Minuten nach Kochbeginn

◇ Einmaischen: bei 38 °C und so 25 Min. halten.

◇ 1. Rast: 90 Minuten bei 65 °C

◇ Abmaischen bei 78 °C

◇ Kochzeit: 90 Minuten

Oktoberfest-Bier

untergärig
Stammwürze: 13,5 %
Hopfenbittere: 22 EBU
Bierfarbe: 32 EBC
Alkohol: 5,5 Vol.-%
Abfüllzeitpunkt: 3,6 %

2-stufiges Infusionsmaischverfahren:

2600 g Wiener Malz
2100 g Münchner Malz
50 g Farbmalz
200 g Caramalz hell
42 Aromahopfen (7,5 % α) in 2 Zugaben:
1. 28 g nach Kochbeginn
2. 14 g vor Kochende

◇ Einmaischen: bei 40 °C

◇ 1. Rast: 30 Minuten bei 50 °C

◇ 2. Rast: 60 Minuten bei 66 °C

◇ Abmaischen bei 78 °C

◇ Kochzeit: 90 Minuten

Dunkler Doppelbock

untergärig
Stammwürze: 17,5 %
Hopfenbittere: 30 EBU
Bierfarbe: 60 EBC
Alkohol: 7,5 Vol.-%
Abfüllzeitpunkt: 4,5 %

2-stufiges Infusionsmaischverfahren:

5900 g Münchner Malz
600 g Caramalz hell
130 g Farbmalz
45 g Aromahopfen (7,5 % α) in 1 Zugabe 10 Minuten nach Kochbeginn

◇ Einmaischen: bei 35 °C

◇ 1. Rast: 30 Minuten bei 50 °C

◇ 2. Rast: 60 Minuten bei 66 °C

◇ Abmaischen bei 78 °C

◇ Kochzeit: 90 Minuten

Bayerisches Lagerbier dunkel

untergärig
Stammwürze: 13,5 %
Hopfenbittere: 25 EBU
Bierfarbe: 75 EBC
Alkohol: 5,5 Vol.-%
Abfüllzeitpunkt: 3,9 %

3-stufiges Infusionsmaischverfahren:

4800 g Wiener Malz
160 g Farbmalz
45 g Aromahopfen (7,5 % α) in 2 Zugaben:
1. 35 g nach Kochbeginn,
2. 10 g vor Kochende

◇ Einmaischen: 20 Minuten bei 52 °C

◇ 1. Rast: 30 Minuten bei 62 °C

◇ 2. Rast: 30 Minuten bei 68 °C

◇ 3. Rast: 10 Minuten bei 72 °C

◇ Abmaischen bei 78 °C

◇ Kochzeit: 90 Minuten

Extraktbrauweise (mit Kochen):

2000 g Gerstenmalzextrakt dunkel
1200 g Gerstenmalzextrakt bernstein
(Farbmalz entfällt)

Dunkler Doppelbock nach Kulminator Art

untergärig
Stammwürze: 18,5 %
Hopfenbittere: 24 EBU
Bierfarbe: 65 EBC
Alkohol: 8,0 Vol.-%
Abfüllzeitpunkt: 4,9 %

2-stufiges Infusionsmaischverfahren:

6400 g Münchner Malz
150 g Farbmalz
550 g Caramalz hell
32 g Bitterhopfen (7,6 % α) in 1 Zugabe 10 Minuten nach Kochbeginn

◇ Einmaischen: bei 40 °C

◇ 1. Rast: 30 Minuten bei 50 °C

◇ 2. Rast: 60 Minuten bei 67 °C

◇ Abmaischen bei 78 °C

◇ Kochzeit: 90 Minuten

Extraktbrauweise (mit Kochen):

2500 g Gerstenmalzextrakt dunkel
2000 g Gerstenmalzextrakt bernstein
Caramalz hell von 40 °C–95 °C mitkochen
(Farbmalz entfällt)

Oktoberfest-Märzen

untergärig
Stammwürze: 13,5 %
Hopfenbittere: 25 EBU
Bierfarbe: 25 EBC
Alkohol: 5,6 Vol.-%
Abfüllzeitpunkt: 3,7 %

2-stufiges Infusionsmaischverfahren:

2500 g Pilsener Malz
2400 g Münchner Malz
30 g Farbmalz
35 g Aromahopfen (6,0 % α) in 2 Zugaben: 1. 15 g nach Kochbeginn, 2. 20 g vor Kochende

◇ Einmaischen: bei 35 °C

◇ 1. Rast: 30 Minuten bei 50 °C

◇ 2. Rast: 60 Minuten bei 66 °C

◇ Abmaischen bei 78 °C

◇ Kochzeit: 90 Minuten

Dunkles Bockbier

untergärig
Stammwürze: 16,3 %
Hopfenbittere: 38 EBU
Bierfarbe: 40 EBC
Alkohol: 6,9 Vol.-%
Abfüllzeitpunkt: 4,3 %

3-stufiges Infusionsmaischverfahren:

5800 g Münchner Malz
200 g Caramalz hell
75 g Farbmalz
60 g Bitterhopfen (7,0 % α) in 2 Zugaben:
1. 20 g nach Kochbeginn,
2. 40 g nach Kochende

◇ Einmaischen: bei 38 °C

◇ 1. Rast: 30 Minuten bei 50 °C

◇ 2. Rast: 60 Minuten bei 65 °C

◇ 3. Rast: 5 Minuten bei 76 °C

◇ Abmaischen bei 78 °C

◇ Kochzeit: 90 Minuten

Extraktbrauweise (mit Kochen):

3900 g Gerstenmalzextrakt bernstein
Farbmalz und Caramalz in Mousselinsäckchen von 40 °C–95 °C mitkochen

Maibock

untergärig
Stammwürze: 16,4 %
Hopfenbittere: 36 EBU
Bierfarbe: 25 EBC
Alkohol: 6,9 Vol.-%
Abfüllzeitpunkt: 4,3 %

3-stufiges Infusionsmaischverfahren:

3700 g Pilsener Malz
2300 g Münchner Malz
50 g Farbmalz
30 g Bitterhopfen (7,6 % α),
25 g Aromahopfen (7,5 % α) in 2 Zugaben:
1. Bitter nach Kochbeginn,
2. Aroma vor Kochende

◇ Einmaischen: bei 40 °C

◇ 1. Rast: 30 Minuten bei 50 °C

◇ 2. Rast: 60 Minuten bei 65 °C

◇ 3. Rast: 5 Minuten bei 76 °C

◇ Abmaischen bei 78 °C

◇ Kochzeit: 90 Minuten

Extraktbrauweise (mit Kochen):

3400 g Gerstenmalzextrakt extrahell
600 g Gerstenmalzextrakt bernstein
Farbmalz im Säckchen von 40 °C–95 °C mitkochen

Pilsener nach Urquell Art

untergärig
Stammwürze: 12,0 %
Hopfenbittere: 40 EBU
Bierfarbe: 6 EBC
Alkohol: 5,0 Vol.-%
Abfüllzeitpunkt: 3,3 %

3-stufiges Infusionsmaischverfahren:

4100 g Pilsener Malz
210 g Caramalz hell
100 g Aromahopfen (5,5 % α) in 3 Zugaben: 1. 60 g nach Kochbeginn, 2. 30 g bei Kochzeit-Mitte, 3. 10 g vor Kochende

◇ Einmaischen: 20 Minuten bei 50 °C

◇ 1. Rast: 20 Minuten bei 60 °C

◇ 2. Rast: 30 Minuten bei 65 °C

◇ 3. Rast: 20 Minuten bei 70 °C

◇ Abmaischen bei 78 °C

◇ Kochzeit: 150 Minuten

Norddeutsches Pils

untergärig
Stammwürze: 11,5 %
Hopfenbittere: 44 EBU
Bierfarbe: 12 EBC
Alkohol: 4,8 Vol.-%
Abfüllzeitpunkt: 3,2 %

1-stufiges Infusionsmaischverfahren:

3900 g Wiener Malz
390 g Caramalz hell
85 g Aromahopfen (6,0 % α) in 2 Zugaben: 1. 65 g nach Kochbeginn, 2. 20 g vor Kochende

◇ Einmaischen: bei 40 °C und so 30 Min. halten

◇ 1. Rast: 90 Minuten bei 66 °C

◇ Abmaischen bei 78 °C

◇ Kochzeit: 90 Minuten

Extraktbrauweise (mit Kochen):

2000 g Gerstenmalzextrakt extrahell
1000 g Gerstenmalzextrakt bernstein
Caramalz von 40 °C–95 °C mitkochen

Export hell

untergärig
Stammwürze: 12,7 %
Hopfenbittere: 24 EBU
Bierfarbe: 11 EBC
Alkohol: 5,3 Vol.-%
Abfüllzeitpunkt: 3,5 %

3-stufiges Infusions-maischverfahren:

4400 g Wiener Malz
240 g Caramalz hell
12 g Bitterhopfen (7,6 % α), 30 g Aromahopfen (6,0 % α) in 1 Zugabe 10 Minuten nach Kochbeginn

- Einmaischen: bei 40 °C
- 1. Rast: 30 Minuten bei 50 °C
- 2. Rast: 40 Minuten bei 62 °C
- 3. Rast: 40 Minuten bei 72 °C
- Abmaischen bei 78 °C
- Kochzeit: 90 Minuten

Extraktbrauweise (mit Kochen):

2800 g Gerstenmalzextrakt extrahell
400 g Gerstenmalzextrakt bernstein
Caramalz im Mousselinsäckchen von 40 °C–95 °C mitkochen

Münchner helles Lager

untergärig
Stammwürze: 11,5 %
Hopfenbittere: 20 EBU
Bierfarbe: 4 EBC
Alkohol: 4,7 Vol.-%
Abfüllzeitpunkt: 3,3 %

2-stufiges Infusions-maischverfahren:

4100 g Pilsener Malz
42 g Aromahopfen (6,0 % α) in 1 Zugabe 10 Minuten nach Kochbeginn

- Einmaischen: bei 40 °C
- 1. Rast: 30 Minuten bei 50 °C
- 2. Rast: 60 Minuten bei 66 °C
- Abmaischen bei 78 °C
- Kochzeit: 90 Minuten

Extraktbrauweise (mit Kochen):

3000 g Gerstenmalzextrakt extrahell

Export Edelhell

untergärig
Stammwürze: 12,9 %
Hopfenbittere: 24 EBU
Bierfarbe: 4 EBC
Alkohol: 5,3 Vol.-%
Abfüllzeitpunkt: 3,5 %

2-stufiges Infusionsmaischverfahren:

4600 g Pilsener Malz
50 g Aromahopfen (6,0 % α) in 1 Zugabe 10 Minuten nach Kochbeginn

- Einmaischen: bei 38 °C
- 1. Rast: 30 Minuten bei 50 °C
- 2. Rast: 60 Minuten bei 66 °C
- Abmaischen bei 78 °C
- Kochzeit: 90 Minuten

Helles Bockbier nach Einbecker Art

untergärig
Stammwürze: 16,4 %
Hopfenbittere: 38 EBU
Bierfarbe: 15 EBC
Alkohol: 6,9 Vol.-%
Abfüllzeitpunkt: 4,3 %

3-stufiges Infusionsmaischverfahren:

5700 g Pilsener Malz
300 g Caramalz hell
30 g Farbmalz
50 g Aromahopfen (6,3 % α) in 1 Zugabe 10 Minuten nach Kochbeginn

- Einmaischen: bei 40 °C
- 1. Rast: 30 Minuten bei 50 °C
- 2. Rast: 60 Minuten bei 65 °C
- 3. Rast: 5 Minuten bei 76 °C
- Abmaischen bei 78 °C
- Kochzeit: 90 Minuten

Extraktbrauweise (mit Kochen):

4000 g Gerstenmalzextrakt extrahell
Caramalz hell und Farbmalz von 40 °C-95 °C mitkochen (in Mousselinsäckchen)

Dortmunder Export

untergärig
Stammwürze: 11,8 %
Hopfenbittere: 30 EBU
Bierfarbe: 11 EBC
Alkohol: 4,9 Vol.-%
Abfüllzeitpunkt: 4,1 %

2-stufiges Infusionsmaischverfahren:

3100 g Pilsener Malz
1200 g Münchner Malz
40 g Bitterhopfen (7,6 % α) in 1 Zugabe 10 Minuten nach Kochbeginn

- Einmaischen: bei 40 °C
- 1. Rast: 25 Minuten bei 52 °C
- 2. Rast: 60 Minuten bei 66 °C
- Abmaischen bei 78 °C
- Kochzeit: 90 Minuten

Pils nach Bitburger Art

untergärig
Stammwürze: 11,5 %
Hopfenbittere: 38 EBU
Bierfarbe: 4 EBC
Alkohol: 4,8 Vol.-%
Abfüllzeitpunkt: 3,2 %

3-stufiges Infusionsmaischverfahren:

3900 g Pilsener Malz
50 g Bitterhopfen (7,6 % α), 32 g Aromahopfen (5,0 % α) in 3 Zugaben:
1. Bitter nach Kochbeginn,
2. 20 g Aroma zur Mitte,
3. 12 g Aroma vor Kochende

- Einmaischen: bei 38 °C
- 1. Rast: 20 Minuten bei 52 °C
- 2. Rast: 30 Minuten bei 63 °C
- 3. Rast: 30 Minuten bei 72 °C
- Abmaischen bei 78 °C
- Kochzeit: 90 Minuten

Extraktbrauweise (mit Kochen):

3000 g Gerstenmalzextrakt extrahell

Jahrhundertbier

untergärig
Stammwürze: 13,0 %
Hopfenbittere: 25 EBU
Bierfarbe: 4 EBC
Alkohol: 5,4 %
Abfüllzeitpunkt: 3,5 %

2-stufiges Infusionsmaischverfahren:

4800 g Pilsener Malz
45 g Aromahopfen (6,0 % α) in 1 Zugabe 10 Minuten nach Kochbeginn

- Einmaischen: bei 40 °C
- 1. Rast: 20 Minuten bei 50 °C
- 2. Rast: 60 Minuten bei 67 °C
- Abmaischen bei 78 °C
- Kochzeit: 90 Minuten

Extraktbrauweise (mit Kochen):

3300 g Gerstenmalzextrakt extrahell

Altbier nach Düsseldorfer Art

obergärig
2-stufiges Infusionsmaischverfahren:
Stammwürze: 12,0 %
Hopfenbittere: 48 EBU
Bierfarbe: 45 EBC
Alkohol: 4,9 Vol.-%
Abfüllzeitpunkt: 3,3 %

2-stufiges Infusionsmaischverfahren:

2800 g Münchner Malz
1600 g Wiener Malz
90 g Aromahopfen (5,5 % α) in 1 Zugabe 10 Minuten nach Kochbeginn

- ◇ Einmaischen: bei 38 °C
- ◇ 1. Rast: 30 Minuten bei 50 °C
- ◇ 2. Rast: 60 Minuten bei 67 °C
- ◇ Abmaischen bei 78 °C
- ◇ Kochzeit: 90 Minuten

Extraktbrauweise (mit Kochen):

800 g Gerstenmalzextrakt extrahell
2400 g Gerstenmalzextrakt bernstein

Kölsch

obergärig
2-stufiges Infusionsmaischverfahren:
Stammwürze: 11,9 %
Hopfenbittere: 28 EBU
Bierfarbe: 5 EBC
Alkohol: 4,9 Vol.-%
Abfüllzeitpunkt: 3,3 %

2-stufiges Infusionsmaischverfahren:

3700 g Pilsener Malz
650 g Weizenmalz hell
40 g Aromahopfen (7,5 % α) in 1 Zugabe 10 Minuten nach Kochbeginn

- ◇ Einmaischen: bei 40 °C
- ◇ 1. Rast: 30 Minuten bei 50 °C
- ◇ 2. Rast: 60 Minuten bei 66 °C
- ◇ Abmaischen bei 78 °C
- ◇ Kochzeit: 90 Minuten

Extraktbrauweise (mit Kochen):

2700 g Gerstenmalzextrakt extrahell
400 g Weizenmalzextrakt hell

Altdeutsches Helles

obergärig
Stammwürze: 11,8 %
Hopfenbittere: 20 EBU
Bierfarbe: 8 EBC
Alkohol: 4,8 Vol.-%
Abfüllzeitpunkt: 3,4 %

3-stufiges Infusionsmaischverfahren:

3000 g Pilsener Malz
800 g Wiener Malz
200 g Münchner Malz
30 g Aromahopfen (6,5 % α) in 2 Zugaben:
1. 20 g nach Kochbeginn,
2. 10 g vor Kochende

- Einmaischen: bei 35 °C
- 1. Rast: 25 Minuten bei 50 °C
- 2. Rast: 50 Minuten bei 62 °C
- 3. Rast: 40 Minuten bei 70 °C
- Abmaischen bei 78 °C
- Kochzeit: 80 Minuten

Altfränkisches Braunbier

obergärig
Stammwürze: 11,6 %
Hopfenbittere: 25 EBU
Bierfarbe: 48 EBC
Alkohol: 4,5 Vol.-%
Abfüllzeitpunkt: 3,5 %

3-stufiges Infusionsmaischverfahren:

2600 g Münchner Malz
200 g Weizenmalz hell
1300 g Wiener Malz
25 g Röstmalz
10 g Bitterhopfen (7,5 % α), 30 g Aromahopfen (6,5 % α) in 3 Zugaben:
1. Bitter nach Kochbeginn,
2. Aroma (20 g) zur Mitte,
3. 10 g Aroma vor Kochende

- Einmaischen bei 40 °C
- 1. Rast: 30 Minuten bei 48 °C
- 2. Rast: 60 Minuten bei 64 °C
- 3. Rast: 30 Minuten bei 72 °C
- Abmaischen bei 78 °C
- Kochzeit: 90 Minuten

Spezial-Hefeweizen

obergärig
Stammwürze: 12,0 %
Hopfenbittere: 22 EBU
Bierfarbe: 9 EBC
Alkohol: 4,9 Vol.-%
Abfüllzeitpunkt: 3,5 %

3-stufiges Infusionsmaischverfahren:

2900 g Weizenmalz hell
1700 g Pilsener Malz
300 g Rauchmalz
100 g Caramalz hell
30 g Aromahopfen (7,0 % α) in 2 Zugaben:
1. 20 g nach Kochbeginn,
2. 10 g vor Kochende

- Einmaischen: bei 40 °C
- 1. Rast: 20 Minuten bei 55 °C
- 2. Rast: 30 Minuten bei 65 °C
- 3. Rast: 45 Minuten bei 72 °C
- Abmaischen bei 78 °C
- Kochzeit: 90 Minuten

Dunkles Hefeweizen

obergärig
Stammwürze: 11,8 %
Hopfenbittere: 20 EBU
Bierfarbe: 35 EBC
Alkohol: 4,8 Vol.-%
Abfüllzeitpunkt: 3,3 %

3-stufiges Infusionsmaischverfahren:

260 g Weizenmalz dunkel
1500 g Münchner Malz
300 g Caramalz hell
50 g Farbmalz
10 g Bitterhopfen (8,0 % α), 15 g Aromahopfen (6,0 % α) in 1 Zugabe 10 Minuten nach Kochbeginn

- ◇ Einmaischen: bei 40 °C
- ◇ 1. Rast: 30 Minuten bei 52 °C
- ◇ 2. Rast: 30 Minuten bei 65 °C
- ◇ 3. Rast: 40 Minuten bei 73 °C
- ◇ Abmaischen bei 78 °C
- ◇ Kochzeit: 90 Minuten

Österreichischer Urbock

untergärig
Stammwürze: 22 %
Hopfenbittere: 40 EBU
Bierfarbe: 25 EBC
Alkohol: 10,2 Vol.-%
Abfüllzeitpunkt: 5,7 %

2-stufiges Infusionsmaischverfahren:

5200 g Pilsener Malz
3600 g Münchner Malz
70 g Aromahopfen (6,5 % α) in 2 Zugaben:
1. 40 g nach Kochbeginn,
2. 30 g vor Kochende

- ◇ Einmaischen: bei 40 °C
- ◇ 1. Rast: 20 Minuten bei 52 °C
- ◇ 2. Rast: 60 Minuten bei 68 °C
- ◇ Abmaischen bei 78 °C
- ◇ Kochzeit: 90 Minuten

Altbayerisches Dunkel

untergärig
Stammwürze: 13,0 %
Hopfenbittere: 21 EBU
Bierfarbe: 52 EBC
Alkohol: 5,4 Vol.-%
Abfüllzeitpunkt: 3,5 %

2-stufiges Infusionsmaischverfahren:

4500 g Münchner Malz
280 g Caramalz hell
125 g Farbmalz
35 g Aromahopfen (6,5 % α) in 1 Zugabe 10 Minuten nach Kochbeginn

- ◇ Einmaischen: bei 38 °C
- ◇ 1. Rast: 30 Minuten bei 50 °C
- ◇ 2. Rast: 60 Minuten bei 66 °C
- ◇ Abmaischen bei 78 °C
- ◇ Kochzeit: 90 Minuten

Extraktbrauweise (mit Kochen):

1500 g Gerstenmalzextrakt dunkel
2000 g Gerstenmalzextrakt bernstein
(Farbmalz entfällt)
Caramalz im Beutel von 40 °C–95 °C mitkochen

Kellerpils

untergärig
Stammwürze: 11,9 %
Hopfenbittere: 30 EBU
Bierfarbe: 5 EBC
Alkohol: 4,9 Vol.-%
Abfüllzeitpunkt: 3,4 %

3-stufiges Infusions-maischverfahren:

3100 g Pilsener Malz
500 g Rauchmalz
400 g Caramalz hell
60 g Aromahopfen (6,0 % α) in 2 Zugaben:
1. 40 g nach Kochbeginn,
2. 20 g vor Kochende

- Einmaischen: bei 38 °C
- 1. Rast: 25 Minuten bei 50 °C
- 2. Rast: 40 Minuten bei 62 °C
- 3. Rast: 40 Minuten bei 70 °C
- Abmaischen bei 78 °C
- Kochzeit: 90 Minuten

Schwäbisches Export

untergärig
Stammwürze: 12,6 %
Hopfenbittere: 28 EBU
Bierfarbe: 9 EBC
Alkohol: 4,9 Vol.-%
Abfüllzeitpunkt: 3,5 %

3-stufiges Infusions-maischverfahren:

2000 g Pilsener Malz
2500 g Wiener Malz
400 g Caramalz hell
20 g Bitterhopfen (7,6 % α), 20 g Aromahopfen (6,5 % α) in 2 Zugaben:
1. Bitter nach Kochbeginn,
2. Aroma vor Kochende

- Einmaischen: bei 35 °C
- 1. Rast: 25 Minuten bei 52 °C
- 2. Rast: 30 Minuten bei 65 °C
- 3. Rast: 40 Minuten bei 72 °C
- Abmaischen bei 78 °C
- Kochzeit: 90 Minuten

Extraktbrauweise (mit Kochen)

2600 g Gerstenmalzextrakt extrahell
500 g Gerstenmalzextrakt bernstein
Caramalz hell im Mousselin-säckchen von 40 °C–95 °C mitkochen

Gose aus Goslar

obergärig
Stammwürze: 12,6 %
Hopfenbittere: 32 EBU
Bierfarbe: 8 EBC
Alkohol: 4,9 Vol.-%
Abfüllzeitpunkt: 3,5 %

3-stufiges Infusionsmaischverfahren:

3500 g Weizenmalz hell
200 g Sauermalz
65 g Aromahopfen (6,0 % α) in 3 Zugaben: 1. 22 g beim Einmaischen, 2. 20 g nach Kochbeginn, 3. 23 g nach 60 Minuten Kochzeit

◇ Einmaischen: bei 51 °C

◇ 1. Rast: 20 Minuten bei 51 °C

◇ 2. Rast: 30 Minuten bei 65 °C

◇ 3. Rast: 25 Minuten bei 72 °C

◇ Abmaischen bei 76 °C

◇ Kochzeit: 120 Minuten

(Nach einem Rezept von Andreas Wagenführer, Goslar). Vom Autor abgeändert und auf das Infusionsverfahren abgestimmt.

Urbräu

obergärig
Stammwürze: 11,9 %
Hopfenbittere: 23 EBU
Bierfarbe: 80 EBC
Alkohol: 4,8 Vol.-%
Abfüllzeitpunkt: 3,6 %

3-stufiges Infusionsmaischverfahren:

4300 g Münchner Malz
150 g Farbmalz
40 g Aromahopfen (7,0 % α) in 2 Zugaben: 1. 25 g nach Kochbeginn, 2. 15 g vor Kochende

◇ Einmaischen: bei 35 °C

◇ 1. Rast: 20 Minuten bei 50 °C

◇ 2. Rast: 25 Minuten bei 60 °C

◇ 3. Rast: 40 Minuten bei 70 °C

◇ Abmaischen bei 78 °C

◇ Kochzeit: 90 Minuten

Schwäbisches Rauch-Weizenbier

obergärig
Stammwürze: 13,0 %
Hopfenbittere: 15 EBU
Bierfarbe: 20 EBC
Alkohol: 5,1 Vol.-%
Abfüllzeitpunkt: 3,5 %

3-stufiges Infusionsmaischverfahren:

2800 g Weizenmalz dunkel
200 g Caramalz hell
400 g Rauchmalz
1700 g Wiener Malz
15 g Bitterhopfen (8,0 % α), 15 g Aromahopfen (7,5 % α) in 2 Zugaben: 1. Bitter nach Kochbeginn, 2. Aroma vor Kochende

◇ Einmaischen: bei 38 °C

◇ 1. Rast: 25 Minuten bei 52 °C

◇ 2. Rast: 50 Minuten bei 62 °C

◇ 3. Rast: 20 Minuten bei 72 °C

◇ Abmaischen bei 78 °C

◇ Kochzeit: 90 Minuten

Märzen

untergärig
Stammwürze: 13,3 %
Hopfenbittere: 30 EBU
Bierfarbe: 26 EBC
Alkohol: 5,4 Vol.-%
Abfüllzeitpunkt: 3,5 %

3-stufiges Infusionsmaischverfahren:

2000 g Wiener Malz
2800 g Münchner Malz
20 g Farbmalz
25 g Bitterhopfen (8,0 % α), 10 g Aromahopfen (6,5 % α) in 2 Zugaben: 1. Bitter nach Kochbeginn, 2. Aroma vor Kochende

◇ Einmaischen: bei 40 °C

◇ 1. Rast: 30 Minuten bei 52 °C

◇ 2. Rast: 30 Minuten bei 65 °C

◇ 3. Rast: 30 Minuten bei 72 °C

◇ Abmaischen bei 78 °C

◇ Kochzeit: 90 Minuten

Weihnachtsbier

obergärig
Stammwürze: 12,5 %
Hopfenbittere: 24 EBU
Bierfarbe: 50 EBC
Alkohol: 5,1 Vol.-%
Abfüllzeitpunkt: 3,5 %

3-stufiges Infusionsmaischverfahren:

4000 g Münchner Malz
100 g Farbmalz
500 g Honig
2 Zimtstangen
10 g Nelken
25 g Bitterhopfen (8,0 % α), 15 g Aromahopfen (6,5 % α) in 2 Zugaben: 1. Bitter nach Kochbeginn, 2. Aroma vor Kochende

◇ Einmaischen: bei 40 °C

◇ 1. Rast: 25 Minuten bei 50 °C

◇ 2. Rast: 35 Minuten bei 62 °C

◇ 3. Rast: 40 Minuten bei 72 °C

◇ Abmaischen bei 78 °C

◇ Kochzeit: 90 Minuten

◇ Honig, Zimtstangen und Nelken beim Kochen zugeben.

Belgisches Trappistenbier I

obergärig
Stammwürze: 13,4 %
Hopfenbittere: 40 EBU
Bierfarbe: 25 EBC
Alkohol: 6 Vol.-%
Abfüllzeitpunkt: 2,7 %

1-stufiges Infusionsmaischverfahren:

270 g Pilsener Malz
900 g Wiener Malz
600 g Münchner Malz
450 g weißer Zucker
80 g Aromahopfen (7,0 % α) in 2 Zugaben:
1. 65 g nach Kochbeginn,
2. 15 g vor Kochende

◇ Einmaischen: bei 40 °C und so 20 Min. halten

◇ 1. Rast: 90 Minuten bei 67 °C

◇ Abmaischen bei 78 °C

◇ Zucker zur Mitte der Kochzeit zugeben.

◇ Kochzeit: 90 Minuten

Englisches Draught Bass

obergärig
Stammwürze: 10,8 %
Hopfenbittere: 30 EBU
Bierfarbe: 18 EBC
Alkohol: 4,4 Vol.-%
Abfüllzeitpunkt: 3,0 %

1-stufiges Infusionsmaischverfahren:

3650 g Pilsener Malz
200 g Caramalz hell
40 g Bitterhopfen (8,0 % α) in 1 Zugabe 10 Minuten nach Kochbeginn

◇ Einmaischen: bei 40 °C und so 20 Min. halten

◇ 1. Rast: 90 Minuten bei 66 °C

◇ Abmaischen bei 78 °C

◇ Kochzeit: 90 Minuten

Extraktbrauweise (mit Kochen):

2300 g Gerstenmalzextrakt extrahell
500 g Gerstenmalzextrakt dunkel
Caramalz hell von 40 °C–95 °C im Mousselinsäckchen mitkochen

Belgisches Sauerbier I

obergärig
Stammwürze: 11,8 %
Hopfenbittere: 14 EBU
Bierfarbe: 60 EBC
Alkohol: 4,8 Vol.-%
Abfüllzeitpunkt: 3,5 %

3-stufiges Infusionsmaischverfahren:

2900 g Pilsener Malz
850 g Maisflocken
450 g Caramalz hell
90 g Farbmalz
30 g Aromahopfen (5,0 % α) in 1 Zugabe nach Kochbeginn

- Einmaischen: bei 40 °C
- 1. Rast: 20 Minuten bei 52 °C
- 2. Rast: 40 Minuten bei 62 °C
- 3. Rast: 40 Minuten bei 72 °C
- Abmaischen bei 78 °C
- Kochzeit: 90 Minuten

Belgisches Sauerbier II

obergärig
Stammwürze: 15,7 %
Hopfenbittere: 14 EBU
Bierfarbe: 60 EBC
Alkohol: 6,5 Vol.-%
Abfüllzeitpunkt: 4,4 %

3-stufiges Infusionsmaischverfahren:

4000 g Pilsener Malz
1200 g Maisflocken
550 g Münchner Malz
80 g Farbmalz
30 g Aromahopfen (5,0 % α) in 1 Zugabe 10 Minuten nach Kochbeginn

- Einmaischen: bei 40 °C
- 1. Rast: 20 Minuten bei 52 °C
- 2. Rast: 40 Minuten bei 62 °C
- 3. Rast: 40 Minuten bei 72 °C
- Abmaischen bei 78 °C
- Kochzeit: 90 Minuten

Holländisches Altbier

obergärig
Stammwürze: 11,8 %
Hopfenbittere: 40 EBU
Bierfarbe: 32 EBC
Alkohol: 4,9 Vol.-%
Abfüllzeitpunkt: 3,3 %

1-stufiges Infusionsmaischverfahren:

3100 g Pilsener Malz
800 g Weizenmalz hell
550 g Caramalz hell
65 g Aromahopfen (7,5 % α) in 2 Zugaben:
1. 52 g nach Kochbeginn,
2. 13 g vor Kochende

- Einmaischen: bei 40 °C und so 20 Min. halten
- 1. Rast: 90 Minuten bei 56 °C
- Abmaischen bei 78 °C
- Kochzeit: 90 Minuten

Österreichisches Rauchbier

untergärig
Stammwürze: 16,8 %
Hopfenbittere: 27 EBU
Bierfarbe: 30 EBC
Alkohol: 7,2 Vol.-%
Abfüllzeitpunkt: 4,3 %

2-stufiges Infusionsmaischverfahren:

6250 g Rauchmalz
100 g Caramalz hell
36 g Aromahopfen (7,5 % α) in 1 Zugabe 10 Minuten nach Kochbeginn

- Einmaischen: bei 40 °C
- 1. Rast: 30 Minuten bei 50 °C
- 2. Rast: 60 Minuten bei 65 °C
- Abmaischen bei 78 °C
- Kochzeit: 90 Minuten

Französisches Rauchbier

obergärig
Stammwürze: 15,6 %
Hopfenbittere: 18 EBU
Bierfarbe: 18 EBC
Alkohol: 6,7 Vol.-%
Abfüllzeitpunkt: 4,1 %

2-stufiges Infusionsmaischverfahren:

4800 g Rauchmalz
110 g Maisflocken
24 g Aromahopfen (7,5 % α) in 1 Zugabe 10 Minuten nach Kochbeginn

- Einmaischen: bei 38 °C
- 1. Rast: 30 Minuten bei 50 °C
- 2. Rast: 60 Minuten bei 65 °C
- Abmaischen bei 78 °C
- Kochzeit: 90 Minuten

Französisches dunkles Lager

untergärig
Stammwürze: 15,2 %
Hopfenbittere: 18 EBU
Bierfarbe: 18 EBC
Alkohol: 6,8 Vol.-%
Abfüllzeitpunkt: 3,7 %

2-stufiges Infusionsmaischverfahren:

2500 g Münchner Malz
2400 g Pilsener Malz
400 g Caramalz hell
300 g Wiener Malz
80 g Farbmalz
45 g Aromahopfen (5,5 % α) in 1 Zugabe 10 Minuten nach Kochbeginn

- Einmaischen: bei 40 °C
- 1. Rast: 30 Minuten bei 50 °C
- 2. Rast: 60 Minuten bei 66 °C
- Abmaischen bei 78 °C
- Kochzeit: 90 Minuten

Luxemburger Lager

untergärig
Stammwürze: 11,5 %
Hopfenbittere: 28 EBU
Bierfarbe: 3 EBC
Alkohol: 4,8 Vol.-%
Abfüllzeitpunkt: 3,1 %

2-stufiges Infusionsmaischverfahren:

3650 g Pilsener Malz
400 g Reisflocken
54 g Aromahopfen (5,5 % α) in 1 Zugabe 10 Minuten nach Kochbeginn

◇ Einmaischen: bei 38 °C

◇ 1. Rast: 30 Minuten bei 56 °C

◇ 2. Rast: 30 Minuten bei 62 °C

◇ Abmaischen bei 78 °C

◇ Kochzeit: 90 Minuten

Französisches Lager

untergärig
Stammwürze: 12,2 %
Hopfenbittere: 32 EBU
Bierfarbe: 4 EBC
Alkohol: 5,1 Vol.-%
Abfüllzeitpunkt: 3,3 %

2-stufiges Infusionsmaischverfahren:

3800 g Pilsener Malz
650 g Maisflocken
68 g Aromahopfen (5,5 % α) in 1 Zugabe 10 Minuten nach Kochbeginn

◇ Einmaischen: bei 40 °C

◇ 1. Rast: 30 Minuten bei 50 °C

◇ 2. Rast: 60 Minuten bei 66 °C

◇ Abmaischen bei 78 °C

◇ Kochzeit: 90 Minuten

Tschechisches Pilsener

untergärig
Stammwürze: 12,0 %
Hopfenbittere: 33 EBU
Bierfarbe: 3 EBC
Alkohol: 5,4 Vol.-%
Abfüllzeitpunkt: 2,5 %

3-stufiges Infusionsmaischverfahren:

3300 g Pilsener Malz

400 g weißer Zucker

76 g Aromahopfen (5,5 % α) in 2 Zugaben:
1. 64 g nach Kochbeginn,
2. 12 g vor Kochende

- Einmaischen: bei 40 °C
- 1. Rast: 30 Minuten bei 50 °C
- 2. Rast: 60 Minuten bei 63 °C
- 3. Rast: 15 Minuten bei 70 °C
- Abmaischen bei 78 °C
- Zucker zur Mitte der Kochzeit zugeben
- Kochzeit: 90 Minuten

Extraktbrauweise (mit Kochen):

2800 g Gerstenmalzextrakt extrahell

Zucker von 40 °C–95 °C mitkochen

Budweiser Lager

untergärig
Stammwürze: 11,8 %
Hopfenbittere: 20 EBU
Bierfarbe: 4 EBC
Alkohol: 4,9 Vol.-%
Abfüllzeitpunkt: 3,3 %

3-stufiges Infusionsmaischverfahren:

425 g Pilsener Malz
40 g Aromahopfen (5,5 % α)

◇ Einmaischen: bei 38 °C

◇ 1. Rast: 20 Minuten bei 50 °C

◇ 2. Rast: 40 Minuten bei 60 °C

◇ 3. Rast: 40 Minuten bei 70 °C

◇ Abmaischen bei 78 °C

◇ Kochzeit: 90 Minuten

Holländisches Lager I

untergärig
Stammwürze: 12,0 %
Hopfenbittere: 27 EBU
Bierfarbe: 3 EBC
Alkohol: 4,9 Vol.-%
Abfüllzeitpunkt: 3,3 %

3-stufiges Infusionsmaischverfahren:

3600 g Pilsener Malz
630 g Maisflocken
55 g Aromahopfen (5,5 % α) in 1 Zugabe 10 Minuten nach Kochbeginn

◇ Einmaischen: bei 38 °C

◇ 1. Rast: 20 Minuten bei 50 °C

◇ 2. Rast: 45 Minuten bei 62 °C

◇ 3. Rast: 45 Minuten bei 70 °C

◇ Abmaischen bei 78 °C

◇ Kochzeit: 90 Minuten

Holländisches Lager II

untergärig
Stammwürze: 12,5 %
Hopfenbittere: 37 EBU
Bierfarbe: 9 EBC
Alkohol: 5,2 Vol.-%
Abfüllzeitpunkt: 3,3 %

2-stufiges Infusionsmaischverfahren:

450 g Pilsener Malz
72 g Aromahopfen (5,5 % α) in 1 Zugabe 10 Minuten nach Kochbeginn

◇ Einmaischen: bei 42 °C

◇ 1. Rast: 30 Minuten bei 50 °C

◇ 2. Rast: 60 Minuten bei 66 °C

◇ Abmaischen bei 78 °C

◇ Kochzeit: 90 Minuten

Extraktbrauweise (mit Kochen):

2650 g Gerstenmalzextrakt extrahell
1000 g Gerstenmalzextrakt bernstein
(Farbmalz entfällt)

Holländisches Pils

untergärig
Stammwürze: 11,8 %
Hopfenbittere: 27 EBU
Bierfarbe: 7 EBC
Alkohol: 4,9 Vol.-%
Abfüllzeitpunkt: 3,3 %

2-stufiges Infusionsmaischverfahren:

3800 g Wiener Malz
430 g Maisflocken
45 g Aromahopfen (8,0 % α) in 2 Zugaben:
1. 35 g nach Kochbeginn,
2. 15 g vor Kochende

◇ Einmaischen: bei 42 °C

◇ 1. Rast: 30 Minuten bei 50 °C

◇ 2. Rast: 60 Minuten bei 66 °C

◇ Abmaischen bei 78 °C

◇ Kochzeit: 90 Minuten

Holländischer dunkler Doppelbock

untergärig
Stammwürze: 17,4 %
Hopfenbittere: 22 EBU
Bierfarbe: 50 EBC
Alkohol: 7,3 Vol.-%
Abfüllzeitpunkt: 4,5 %

2-stufiges Infusionsmaischverfahren:

4700 g Pilsener Malz
1600 g Münchner Malz
80 g Farbmalz
16 g Bitterhopfen (7,5 % α), 30 g Aromahopfen (7,5 % α) in 2 Zugaben:
1. 16 g Bitter u. 15 g Aroma nach Kochbeginn,
2. 15 g Aroma vor Kochende

◇ Einmaischen: bei 40 °C

◇ 1. Rast: 30 Minuten bei 50 °C

◇ 2. Rast: 60 Minuten bei 65 °C

◇ Abmaischen bei 78 °C

◇ Kochzeit: 90 Minuten

Dänisches Starkbier

untergärig
Stammwürze: 15,6 %
Hopfenbittere: 38 EBU
Bierfarbe: 5 EBC
Alkohol: 7,3 Vol.-%
Abfüllzeitpunkt: 3,0 %

3-stufiges Infusionsmaischverfahren:

475 g Pilsener Malz
650 g weißer Zucker
64 g Aromahopfen (5,5 % α) in 2 Zugaben:
1. 52 g nach Kochbeginn,
2. 12 g vor Kochende

◇ Einmaischen: bei 42 °C

◇ 1. Rast: 20 Min. bei 50 °C

◇ 2. Rast: 45 Min. bei 66 °C

◇ 3. Rast: 45 Min. bei 72 °C

◇ Abmaischen bei 78 °C

◇ Zucker zur Mitte der Kochzeit zugeben

◇ Kochzeit: 90 Minuten

Extraktbrauweise (mit Kochen):

3600 g Gerstenmalzextrakt extrahell
25 g Farbmalz
Farbmalz im Mousselinsäckchen von 40 °C–95 °C mitkochen

Dänisches Lager

untergärig
Stammwürze: 10,4 %
Hopfenbittere: 23 EBU
Bierfarbe: 5 EBC
Alkohol: 4,6 Vol.-%
Abfüllzeitpunkt: 2,1 %

3-stufiges Infusionsmaischverfahren:

2800 g Pilsener Malz
210 g Caramalz hell
400 g weißer Zucker
32 g Aromahopfen (7,5 % α) in 1 Zugabe 10 Minuten nach Kochbeginn

◇ Einmaischen: bei 42 °C

◇ 1. Rast: 20 Minuten bei 50 °C

◇ 2. Rast: 45 Minuten bei 66 °C

◇ 3. Rast: 45 Minuten bei 72 °C

◇ Abmaischen bei 78 °C

◇ Zucker zur Mitte der Kochzeit zugeben

◇ Kochzeit: 90 Minuten

Extraktbrauweise (mit Kochen):

2150 g Gerstenmalzextrakt extrahell
Caramalz hell im Mousselinsäckchen von 40 °C–95 °C mitkochen

Englischer Porter

obergärig
Stammwürze: 12,7 %
Hopfenbittere: 40 EBU
Bierfarbe: 290 EBC
Alkohol: 4,7 Vol.-%
Abfüllzeitpunkt: 4,4 %

1-stufiges Infusions-maischverfahren:

395 g Pilsener Malz
710 g Farbmalz
80 g Aromahopfen (5,3 % α) in 1 Zugabe 10 Minuten nach Kochbeginn

◇ Einmaischen: bei 40 °C und so 20 Min. halten

◇ 1. Rast: 90 Minuten bei 67 °C

◇ Abmaischen bei 78 °C

◇ Kochzeit: 90 Minuten

Extraktbrauweise (mit Kochen):

2050 g Gerstenmalzextrakt dunkel
1000 g Gerstenmalzextrakt bernstein
(Farbmalz entfällt)

Finnischer Porter

obergärig
Stammwürze: 16,4 %
Hopfenbittere: 50 EBU
Bierfarbe: 250 EBC
Alkohol: 6,4 Vol.-%
Abfüllzeitpunkt: 5,5 %

1-stufiges Infusions-maischverfahren:

5000 g Pilsener Malz
610 g Caramalz hell
510 g Farbmalz
68 g Bitterhopfen (7,6 % α) in 1 Zugabe 10 Minuten nach Kochbeginn

◇ Einmaischen: bei 40 °C und so 20 Min. halten

◇ 1. Rast: 90 Minuten bei 65 °C

◇ Abmaischen bei 78 °C

◇ Kochzeit: 90 Minuten

Extraktbrauweise (mit Kochen):

3000 g Gerstenmalzextrakt dunkel
900 g Gerstenmalzextrakt bernstein
Caramalz hell im Mousselinsäckchen von 40 °C–95 °C mitkochen
(Farbmalz entfällt)

Irisches Starkbier

obergärig
Stammwürze: 15,2 %
Hopfenbittere: 35 EBU
Bierfarbe: 100 EBC
Alkohol: 6,3 Vol.-%
Abfüllzeitpunkt: 4,4 %

1-stufiges Infusionsmaischverfahren:

4500 g Wiener Malz
850 g Maisflocken
190 g Farbmalz
46 g Bitterhopfen (7,6 % α) in 1 Zugabe 10 Minuten nach Kochbeginn

- Einmaischen: bei 38 °C und so 20 Min. halten
- 1. Rast: 90 Minuten bei 66 °C
- Abmaischen bei 78 °C
- Kochzeit: 90 Minuten

English Stout I

obergärig
Stammwürze: 17,3 %
Hopfenbittere: 50 EBU
Bierfarbe: 155 EBC
Alkohol: 7,6 Vol.-%
Abfüllzeitpunkt: 4,1 %

1-stufiges Infusionsmaischverfahren:

5000 g Wiener Malz
500 g Caramalz hell
240 g Farbmalz
500 g weißer Zucker
110 g Aromahopfen (5,3 % α) in 1 Zugabe 10 Minuten nach Kochbeginn

- Einmaischen: bei 38 °C und so 20 Min. halten
- 1. Rast: 90 Minuten bei 66 °C
- Zuckerzugaben zur Mitte der Kochzeit
- Abmaischen bei 78 °C
- Kochzeit: 90 Minuten

Extraktbrauweise (mit Kochen):

3850 g Gerstenmalzextrakt dunkel
850 g Gerstenmalzextrakt bernstein
(Farbmalz entfällt)
Caramalz hell im Mousselinsäckchen von 40 °C–95 °C mitkochen

Irish Stout

obergärig
Stammwürze: 9,5 %
Hopfenbittere: 35 EBC
Bierfarbe: 180 EBU
Alkohol: 4,0 Vol.-%
Abfüllzeitpunkt: 2,5 %

1-stufiges Infusions-maischverfahren:

2300 g Wiener Malz
350 g Farbmalz
480 g weißer Zucker
32 g Bitterhopfen (11,2 % α) in 1 Zugabe 10 Minuten nach Kochbeginn

- Einmaischen: bei 38 °C und so 25 Min. halten
- 1. Rast: 90 Minuten bei 66 °C
- Abmaischen bei 78 °C
- Zuckerzugabe zur Mitte der Kochzeit
- Kochzeit: 90 Minuten

Extraktbrauweise (mit Kochen):

1250 g Gerstenmalzextrakt extrahell
500 g Gerstenmalzextrakt dunkel
Farbmalz im Mousselinsäckchen von 40 °C–95 °C mitkochen

Milk Stout

obergärig
Stammwürze: 10,5 %
Hopfenbittere: 26 EBU
Bierfarbe: 225 EBC
Alkohol: 3,0 Vol.-%
Abfüllzeitpunkt: 5,5 %

1-stufiges Infusions-maischverfahren:

2500 g Wiener Malz
410 g Farbmalz
100 g Münchner Malz
500 g Laktose
24 g Bitterhopfen (11,2 % α) in 1 Zugabe 10 Minuten nach Kochbeginn

- Einmaischen: bei 40 °C und so 20 Min. halten
- 1. Rast: 90 Minuten bei 67 °C
- Abmaischen bei 78 °C
- Laktose nach 60 Minuten Kochzeit zugeben
- Kochzeit: 90 Minuten

Extraktbrauweise (mit Kochen):

1900 g Gerstenmalzextrakt extrahell
Farbmalz und Münchner Malz in Mousselinsäckchen von 40 °C–95 °C mitkochen

Oatmeal Stout

obergärig
Stammwürze: 11,8 %
Hopfenbittere: 30 EBU
Bierfarbe: 155 EBC
Alkohol: 4,6 Vol.-%
Abfüllzeitpunkt: 3,7 %

1-stufiges Infusions-maischverfahren:

3800 g Wiener Malz
210 g Farbmalz
100 g Münchner Malz
300 g Haferflocken
20 g Bitterhopfen (7,7 % α), 36 g Aromahopfen (4,5 % α) in 1 Zugabe 10 Minuten nach Kochbeginn

- Einmaischen: bei 40 °C und so 20 Min. halten
- 1. Rast: 90 Minuten bei 66 °C
- Abmaischen bei 78 °C
- Kochzeit: 90 Minuten

Export Stout I

obergärig
Stammwürze: 14,3 %
Hopfenbittere: 34 EBU
Bierfarbe: 300 EBC
Alkohol: 4,5 Vol.-%
Abfüllzeitpunkt: 6,3 %

1-stufiges Infusionsmaischverfahren:

3800 g Wiener Malz
600 g Farbmalz
520 g Laktose
32 g Bitterhopfen (11,2 % α) in 1 Zugabe 10 Minuten nach Kochbeginn

◇ Einmaischen: bei 40 °C und so 20 Min. halten

◇ 1. Rast: 90 Minuten bei 67 °C

◇ Abmaischen bei 78 °C

◇ Laktose nach 60 Minuten Kochzeit zugeben

◇ Kochzeit: 90 Minuten

Extraktbrauweise (mit Kochen):

2900 g Gerstenmalzextrakt dunkel
(Farbmalz entfällt)

Irish Extra Stout (Guinness Art)

obergärig
Stammwürze: 17,5 %
Hopfenbittere: 65 EBU
Bierfarbe: 200 EBC
Alkohol: 7,1 Vol.-%
Abfüllzeitpunkt: 5,2 %

1-stufiges Infusionsmaischverfahren:

4950 g Wiener Malz
1400 g Gerstenflocken
400 g Farbmalz
36 g Bitterhopfen (11,2 % α), 52 g Aromahopfen (5,3 % α) in 1 Zugabe 10 Minuten nach Kochbeginn

◇ Einmaischen: bei 40 °C und so 15 Min. halten

◇ 1. Rast: 90 Minuten bei 67 °C

◇ Abmaischen bei 78 °C

◇ Kochzeit: 90 Minuten

English Stout II

obergärig
Stammwürze: 11,8 %
Hopfenbittere: 22 EBU
Bierfarbe: 144 EBC
Alkohol: 4,9 Vol.-%
Abfüllzeitpunkt: 3,2 %

1-stufiges Infusionsmaischverfahren:

3050 g Pilsener Malz
340 g Farbmalz
300 g Münchner Malz
250 g Zucker
12 g Bitterhopfen (7,7 % α), 25 g Aromahopfen (5,3 % α) in 1 Zugabe 10 Minuten nach Kochbeginn

- ◇ Einmaischen: bei 42 °C und so 15 Min. halten
- ◇ 1. Rast: 90 Minuten bei 66 °C
- ◇ Abmaischen bei 78 °C
- ◇ Zuckerzugabe zur Mitte der Kochzeit
- ◇ Kochzeit: 90 Minuten

Export Stout II

obergärig
Stammwürze: 11,8 %
Hopfenbittere: 45 EBU
Bierfarbe: 200 EBC
Alkohol: 4,6 Vol.-%
Abfüllzeitpunkt: 3,9 %

1-stufiges Infusionsmaischverfahren:

3150 g Pilsener Malz
1200 g Haferflocken
450 g Röstmalz/Farbmalz
24 g Bitterhopfen (11,2 % α), 32 g Aromahopfen (5,3 % α) in 1 Zugabe 10 Minuten nach Kochbeginn

- ◇ Einmaischen: bei 40 °C und so 20 Min. halten
- ◇ 1. Rast: 90 Minuten bei 67 °C
- ◇ Abmaischen bei 78 °C
- ◇ Kochzeit: 90 Minuten

Imperial Stout

obergärig
Stammwürze: 23,0 %
Hopfenbittere: 50 EBU
Bierfarbe: 235 EBC
Alkohol: 10,5 Vol.-%
Abfüllzeitpunkt: 4,9 %

1-stufiges Infusionsmaischverfahren:

2400 g Pilsener Malz
3400 g Wiener Malz
5200 g Münchner Malz
800 g weißer Zucker
500 g Farbmalz
48 g Bitterhopfen (11,2 % α) in 1 Zugabe 10 Minuten nach Kochbeginn

- ◇ Einmaischen: bei 42 °C und so 15 Min. halten
- ◇ 1. Rast: 90 Minuten bei 67 °C
- ◇ Abmaischen bei 78 °C
- ◇ Zuckerzugabe zur Mitte der Kochzeit
- ◇ Kochzeit: 90 Minuten

Englisches Starkbier

obergärig
Stammwürze: 21,0 %
Hopfenbittere: 45 EBU
Bierfarbe: 13 EBC
Alkohol: 9,2 Vol.-%
Abfüllzeitpunkt: 7,1 %

1-stufiges Infusionsmaischverfahren:

5200 g Wiener Malz
2800 g Pilsener Malz
20 g Farbmalz
107 g Aromahopfen (5,3 % α) in 1 Zugabe 10 Minuten nach Kochbeginn

◇ Einmaischen: bei 38 °C und so 20 Min. halten

◇ 1. Rast: 90 Minuten bei 68 °C

◇ Abmaischen bei 78 °C

◇ Kochzeit: 90 Minuten

Mild Ale I

obergärig
Stammwürze: 8,0 %
Hopfenbittere: 18 EBU
Bierfarbe: 79 EBC
Alkohol: 3,2 Vol.-%
Abfüllzeitpunkt: 2,7 %

1-stufiges Infusionsmaischverfahren:

2500 g Wiener Malz
290 g Caramalz hell
145 g Farbmalz
20 g Bitterhopfen (10,3 % α) in 1 Zugabe 10 Minuten nach Kochbeginn

◇ Einmaischen: bei 44 °C und so 20 Min. halten

◇ 1. Rast: 90 Minuten bei 65 °C

◇ Abmaischen bei 78 °C

◇ Kochzeit: 90 Minuten

Pale Ale I

obergärig
Stammwürze: 12,3 %
Hopfenbittere: 30 EBU
Bierfarbe: 25 EBC
Alkohol: 5,1 Vol.-%
Abfüllzeitpunkt: 3,3 %

1-stufiges Infusionsmaischverfahren:

4000 g Wiener Malz
480 g Caramalz hell
35 g Farbmalz
68 g Aromahopfen (5,3 % α) in 1 Zugabe 10 Minuten nach Kochbeginn

◇ Einmaischen: bei 44 °C und so 25 Min. halten

◇ 1. Rast: 90 Minuten bei 67 °C

◇ Abmaischen bei 78 °C

◇ Kochzeit: 90 Minuten

Mild Ale II

obergärig
Stammwürze: 8,5 %
Hopfenbittere: 24 EBU
Bierfarbe: 60 EBC
Alkohol: 3,7 Vol.-%
Abfüllzeitpunkt: 2,0

1-stufiges Infusionsmaischverfahren:

2450 g Wiener Malz
140 g Farbmalz
290 g weißer Zucker
48 g Aromahopfen (5,3 % α) in 1 Zugabe 10 Minuten nach Kochbeginn

◇ Einmaischen: bei 40 °C und so 20 Min. halten

◇ 1. Rast: 90 Minuten bei 65 °C

◇ Abmaischen bei 78 °C

◇ Zuckerzugabe zur Mitte der Kochzeit

◇ Kochzeit: 90 Minuten

Pale Ale II

obergärig
Stammwürze: 12,9 %
Hopfenbittere: 35 EBU
Bierfarbe: 25 EBC
Alkohol: 5,5 Vol.-%
Abfüllzeitpunkt: 3,5 %

1-stufiges Infusionsmaischverfahren:

4200 g Wiener Malz
300 g Caramalz hell
55 g Farbmalz
240 g Maisflocken
32 g Bitterhopfen (11,2 % a), 12 g Aromahopfen (5,3 % α) in 2 Zugaben: 1. Bitter nach Kochbeginn, 2. Aroma vor Kochende

◇ Einmaischen: bei 40 °C und so 25 Min. halten

◇ 1. Rast: 90 Minuten bei 67 °C

◇ Abmaischen bei 78 °C

◇ Kochzeit: 90 Minuten

Mild Ale III

obergärig
Stammwürze: 8,9 %
Hopfenbittere: 22 EBU
Bierfarbe: 63 EBC
Alkohol: 3,8 Vol.-%
Abfüllzeitpunkt: 2,0 %

1-stufiges Infusionsmaischverfahren:

2100 g Wiener Malz
300 g Caramalz hell
200 g Farbmalz
350 g weißer Zucker
44 g Aromahopfen (5,3 % α) in 1 Zugabe 10 Minuten nach Kochbeginn

- Einmaischen: bei 40 °C und so 20 Min. halten
- 1. Rast: 90 Minuten bei 65 °C
- Abmaischen bei 78 °C
- Zuckerzugabe zur Mitte der Kochzeit
- Kochzeit: 90 Minuten

Englisches Brown Ale

obergärig
Stammwürze: 11,8 %
Hopfenbittere: 34 EBU
Bierfarbe: 65 EBC
Alkohol: 4,8 Vol.-%
Abfüllzeitpunkt: 3,3 %

1-stufiges Infusionsmaischverfahren:

3900 g Pilsener Malz
440 g Caramalz hell
130 g Farbmalz
85 g Aromahopfen (5,3 % α) in 1 Zugabe 10 Minuten nach Kochbeginn

- Einmaischen: bei 44 °C und so 20 Min. halten
- 1. Rast: 90 Minuten bei 68 °C
- Abmaischen bei 78 °C
- Kochzeit: 90 Minuten

Eighty Shilling Ale

obergärig
Stammwürze: 10,4 %
Hopfenbittere: 30 EBU
Bierfarbe: 25 EBC
Alkohol: 4,6 Vol.-%
Abfüllzeitpunkt: 2,5 %

1-stufiges Infusionsmaischverfahren:

2500 g Wiener Malz
560 g Maisflocken
200 g Haferflocken
40 g Farbmalz
250 g weißer Zucker
40 g Bitterhopfen (7,7 % a), 8 g Aromahopfen (5,3 % α) in 2 Zugaben: 1. Bitter nach Kochbeginn, 2. Aroma vor Kochende

◇ Einmaischen: bei 40 °C und so 25 Min. halten

◇ 1. Rast: 90 Minuten bei 67 °C

◇ Abmaischen bei 78 °C

◇ Zuckerzugabe zur Mitte der Kochzeit

◇ Kochzeit: 90 Minuten

Schottisches Brown Ale

obergärig
Stammwürze: 10,8 %
Hopfenbittere: 24 EBU
Bierfarbe: 50 EBC
Alkohol: 5,0 Vol.-%
Abfüllzeitpunkt: 2,3 %

1-stufiges Infusionsmaischverfahren:

2750 g Wiener Malz
560 g Caramalz hell
380 g weißer Zucker
40 g Farbmalz
22 g Bitterhopfen (11,2 % α) in 1 Zugabe 10 Minuten nach Kochbeginn

◇ Einmaischen: bei 44 °C und so 25 Min. halten

◇ 1. Rast: 90 Minuten bei 67 °C

◇ Abmaischen bei 78 °C

◇ Zuckerzugabe zur Mitte der Kochzeit

◇ Kochzeit: 90 Minuten

Irisches Bier (Kilkenny Art)

obergärig
Stammwürze: 11,8 %
Hopfenbittere: 33 EBU
Bierfarbe: 30 EBC
Alkohol: 4,8 Vol.-%
Abfüllzeitpunkt: 3,3 %

1-stufiges Infusionsmaischverfahren:

3900 g Wiener Malz
400 g Caramalz hell
35 g Farbmalz
42 g Bitterhopfen (8,0 % α) in 1 Zugabe 10 Minuten nach Kochbeginn

◇ Einmaischen: bei 44 °C und so 20 Min. halten

◇ 1. Rast: 90 Minuten bei 65 °C

◇ Abmaischen bei 78 °C

◇ Kochzeit: 90 Minuten

Extraktbrauweise (mit Kochen):

3000 g Gerstenmalzextrakt bernstein
Caramalz hell im Mousselinsäckchen von 40 °C–95 °C mitkochen
(Farbmalz entfällt)

Belgisches Brown Ale

obergärig
Stammwürze: 12,7 %
Hopfenbittere: 20 EBU
Bierfarbe: 60 EBC
Alkohol: 5,2 Vol.-%
Abfüllzeitpunkt: 3,5 %

1-stufiges Infusionsmaischverfahren:

3300 g Wiener Malz
560 g Maisflocken
240 g Caramalz hell
90 g Farbmalz
48 g Aromahopfen (6,3 % α) in 2 Zugaben:
1. 35 g nach Kochbeginn,
2. 13 g vor Kochende

◇ Einmaischen: bei 40 °C und so 25 Min. halten

◇ 1. Rast: 90 Minuten bei 66 °C

◇ Abmaischen bei 78 °C

◇ Kochzeit: 90 Minuten

Holländisches Stout

obergärig
Stammwürze: 15,7 %
Hopfenbittere: 27 EBU
Bierfarbe: 150 EBC
Alkohol: 6,4 Vol.-%
Abfüllzeitpunkt: 4,5 %

1-stufiges Infusionsmaischverfahren:

4200 g Wiener Malz
1300 g Münchner Malz
200 g Farbmalz
20 g Bitterhopfen (7,6 % α), 20 g Aromahopfen (7,5 % α) in 1 Zugabe 10 Minuten nach Kochbeginn

◇ Einmaischen: bei 40 °C und so 25 Min. halten

◇ 1. Rast: 90 Minuten bei 67 °C

◇ Abmaischen bei 78 °C

◇ Kochzeit: 90 Minuten

Belgisches Trappistenbier II

obergärig
Stammwürze: 15,5 %
Hopfenbittere: 20 EBU
Bierfarbe: 55 EBC
Alkohol: 6,7 Vol.-%
Abfüllzeitpunkt: 3,7 %

2-stufiges Infusionsmaischverfahren:

5200 g Pilsener Malz
120 g Farbmalz
250 g weißer Zucker
40 g Aromahopfen (5,5 % α) in 1 Zugabe 10 Minuten nach Kochbeginn

◇ Einmaischen: bei 44 °C

◇ 1. Rast: 30 Minuten bei 50 °C

◇ 2. Rast: 60 Minuten bei 66 °C

◇ Abmaischen bei 78 °C

◇ Zucker zur Mitte der Kochzeit zugeben

◇ Kochzeit: 90 Minuten

Extraktbrauweise (mit Kochen):

4000 g Gerstenmalzextrakt extrahell
Farbmalz im Mousselinsäckchen 40 °C–95 °C mitkochen

Bière de garde I

obergärig
Stammwürze: 15,0 %
Hopfenbittere: 25 EBU
Bierfarbe: 35 EBC
Alkohol: 6,3 Vol.-%
Abfüllzeitpunkt: 3,9 %

2-stufiges Infusionsmaischverfahren:

3100 g Münchner Malz
30 g Farbmalz
16 g Bitterhopfen (7,6 % α), 28 g Aromahopfen (4,5 % α) in 1 Zugabe 10 Minuten nach Kochbeginn

◇ Einmaischen: bei 38 °C

◇ 1. Rast: 30 Minuten bei 50 °C

◇ 2. Rast: 60 Minuten bei 65 °C

◇ Abmaischen bei 78 °C

◇ Kochzeit: 90 Minuten

Bière de garde II

obergärig
Stammwürze: 19,0 %
Hopfenbittere: 27 EBU
Bierfarbe: 6 EBC
Alkohol: 8,4 Vol.-%
Abfüllzeitpunkt: 4,3 %

2-stufiges Infusionsmaischverfahren:

6600 g Pilsener Malz
280 g weißer Zucker
45 g Aromahopfen (5,0 % α) in 1 Zugabe 10 Minuten nach Kochbeginn

◇ Einmaischen: bei 40 °C

◇ 1. Rast: 30 Minuten bei 50 °C

◇ 2. Rast: 60 Minuten bei 66 °C

◇ Abmaischen bei 78 °C

◇ Zuckerzugabe zur Mitte der Kochzeit

◇ Kochzeit: 90 Minuten

Bière de Garde III

obergärig
Stammwürze: 16,4 %
Hopfenbittere: 25 EBU
Bierfarbe: 35 EBC
Alkohol: 7,0 Vol.-%
Abfüllzeitpunkt: 4,2 %

1-stufiges Infusionsmaischverfahren:

5300 g Wiener Malz
700 g Münchner Malz
250 g Caramalz hell
40 g Farbmalz
48 g Aromahopfen (5,5 % α) in 1 Zugabe 10 Minuten nach Kochbeginn

◇ Einmaischen: bei 40 °C und so 30 Min. halten

◇ 1. Rast: 90 Minuten bei 65 °C

◇ Abmaischen bei 78 °C

◇ Kochzeit: 90 Minuten

Wiener Altbier

obergärig
Stammwürze: 12,2 %
Hopfenbittere: 30 EBU
Bierfarbe: 30 EBC
Alkohol: 5,4 Vol.-%
Abfüllzeitpunkt: 2,8 %

2-stufiges Infusionsmaischverfahren:

2150 g Münchner Malz
1650 g Wiener Malz
200 g Caramalz hell
30 g Farbmalz
320 g weißer Zucker
50 g Aromahopfen (7,5 % α) in 2 Zugaben: 1. 40 g nach Kochbeginn, 2. 10 g vor Kochende

◇ Einmaischen: bei 40 °C

◇ 1. Rast: 30 Minuten bei 50 °C

◇ 2. Rast: 60 Minuten bei 66 °C

◇ Abmaischen bei 78 °C

◇ Zuckerzugabe zur Mitte der Kochzeit

◇ Kochzeit: 90 Minuten

Belgisches Ale I

obergärig
Stammwürze: 11,8 %
Hopfenbittere: 24 EBU
Bierfarbe: 22 EBC
Alkohol: 4,9 Vol.-%
Abfüllzeitpunkt: 3,2 %

2-stufiges Infusionsmaischverfahren:

3200 g Pilsener Malz
1100 g Wiener Malz
40 g Farbmalz
44 g Aromahopfen (5,5 % α) in 1 Zugabe 10 Minuten nach Kochbeginn

◇ Einmaischen: bei 38 °C

◇ 1. Rast: 30 Minuten bei 50 °C

◇ 2. Rast: 60 Minuten bei 67 °C

◇ Abmaischen bei 78 °C

◇ Kochzeit: 90 Minuten

Englisches Bitter

obergärig
Stammwürze: 13,2 %
Hopfenbittere: 35 EBU
Bierfarbe: 30 EBC
Alkohol: 5,5 Vol.-%
Abfüllzeitpunkt: 3,5 %

1-stufiges Infusionsmaischverfahren:

3400 g Wiener Malz
1000 g Maisflocken
420 g Caramalz hell
30 g Farbmalz
48 g Bitterhopfen (7,7 % a), 16 g Aromahopfen (5,3 % α) in 2 Zugaben:
1. Bitter nach Kochbeginn,
2. Aroma vor Kochende

◇ Einmaischen: bei 40 °C und so 20 Min. halten

◇ 1. Rast: 90 Minuten bei 67 °C

◇ Abmaischen bei 78 °C

◇ Kochzeit: 90 Minuten

Belgisches Ale II

obergärig
Stammwürze: 16,8 %
Hopfenbittere: 30 EBU
Bierfarbe: 10 EBC
Alkohol: 7,9 Vol.-%
Abfüllzeitpunkt: 2,9 %

1-stufiges Infusionsmaischverfahren:

5100 g Wiener Malz
10 g Farbmalz
700 g weißer Zucker
74 g Aromahopfen (5,5 % α) in 3 Zugaben:
1. 34 g nach Kochbeginn,
2. 28 g zur Kochmitte,
3. 12 g vor Kochende

◇ Einmaischen: bei 38 °C und so 25 Min. halten

◇ 1. Rast: 90 Minuten bei 67 °C

◇ Abmaischen bei 78 °C

◇ Zuckerzugabe zur Mitte der Kochzeit

◇ Kochzeit: 90 Minuten

Pale Ale III (stark)

obergärig
Stammwürze: 16,5 %
Hopfenbittere: 42 EBU
Bierfarbe: 26 EBC
Alkohol: 7,6 Vol.-%
Abfüllzeitpunkt: 3,1 %

1-stufiges Infusionsmaischverfahren:

4900 g Wiener Malz

280 g Caramalz hell

600 g weißer Zucker

40 g Farbmalz

56 g Bitterhopfen (7,7 % α), 16 g Aromahopfen (5,3 % α) in 2 Zugaben:
1. Bitter nach Kochbeginn,
2. Aroma vor Kochende

◇ Einmaischen: bei 40 °C und so 25 Min. halten

◇ 1. Rast: 90 Minuten bei 66 °C

◇ Abmaischen bei 78 °C

◇ Zuckerzugabe zur Mitte der Kochzeit

◇ Kochzeit: 90 Minuten

Extraktbrauweise (mit Kochen):

3850 g Gerstenmalzextrakt extrahell

Caramalz hell und Farbmalz in Mousselinsäckchen von 40 °C–95 °C mitkochen

Belgisches dunkles Ale

obergärig
Stammwürze: 15,9 %
Hopfenbittere: 26 EBU
Bierfarbe: 76 EBC
Alkohol: 7,3 Vol.-%
Abfüllzeitpunkt: 2,9 %

1-stufiges Infusionsmaischverfahren:

4100 g Münchner Malz

550 g Wiener Malz

150 g Farbmalz

650 g weißer Zucker

50 g Aromahopfen (5,3 % α) in 1 Zugabe 10 Minuten nach Kochbeginn

◇ Einmaischen: bei 40 °C und so 25 Min. halten

◇ 1. Rast: 90 Minuten bei 66 °C

◇ Abmaischen bei 78 °C

◇ Zuckerzugabe zur Mitte der Kochzeit

◇ Kochzeit: 90 Minuten

Churchill Pale Ale

obergärig
Stammwürze: 12,2 %
Hopfenbittere: 32 EBU
Bierfarbe: 35 EBC
Alkohol: 5,6 Vol.-%
Abfüllzeitpunkt: 2,5 %

1-stufiges Infusionsmaischverfahren:

3000 g Wiener Malz

450 g Münchner Malz

350 g Caramalz hell

40 g Farbmalz

430 g weißer Zucker

20 g Bitterhopfen (7,7 % α), 32 g Aromahopfen (5,3 % α) in 1 Zugabe 10 Minuten nach Kochbeginn

◇ Einmaischen: bei 40 °C und so 20 Min. halten

◇ 1. Rast: 90 Minuten bei 66 °C

◇ Abmaischen bei 78 °C

◇ Zuckerzugabe zur Mitte der Kochzeit

◇ Kochzeit: 90 Minuten

Schottisches Starkbier

obergärig
Stammwürze: 18,5 %
Hopfenbittere: 60 EBU
Bierfarbe: 35 EBC
Alkohol: 8,0 Vol.-%
Abfüllzeitpunkt: 4,8 %

1-stufiges Infusionsmaischverfahren:

6350 g Wiener Malz
75 g Röstmalz/Farbmalz
300 g Caramalz hell
300 g Weizenmalz hell
120 g Aromahopfen (5,3 % α) in 1 Zugabe 10 Minuten nach Kochbeginn

◇ Einmaischen: bei 40 °C und so 20 Min. halten

◇ 1. Rast: 90 Minuten bei 66 °C

◇ Abmaischen bei 78 °C

◇ Kochzeit: 90 Minuten

Englisches Ale I

obergärig
Stammwürze: 10,9 %
Hopfenbittere: 30 EBU
Bierfarbe: 18 EBC
Alkohol: 4,7 Vol.-%
Abfüllzeitpunkt: 2,8 %

1-stufiges Infusionsmaischverfahren:

3600 g Wiener Malz
200 g Caramalz hell
30 g Farbmalz
120 g weißer Zucker
84 g Aromahopfen (4,5 % α) in 2 Zugaben:
1. 68 g nach Kochbeginn,
2. 16 g vor Kochende

◇ Einmaischen: bei 40 °C und so 25 Min. halten

◇ 1. Rast: 90 Minuten bei 65 °C

◇ Abmaischen bei 78 °C

◇ Zuckerzugabe zur Mitte der Kochzeit

◇ Kochzeit: 90 Minuten

Englisches Ale II

obergärig
Stammwürze: 12,5 %
Hopfenbittere: 35 EBU
Bierfarbe: 25 EBC
Alkohol: 5,2 Vol.-%
Abfüllzeitpunkt: 3,3 %

1-stufiges Infusions-maischverfahren:

4300 g Wiener Malz
300 g Caramalz hell
35 g Farbmalz
50 g Bitterhopfen (7,5 % α) in 1 Zugabe 10 Minuten nach Kochbeginn

◇ Einmaischen: bei 40 °C und so 20 Min. halten

◇ 1. Rast: 90 Minuten bei 66 °C

◇ Abmaischen bei 78 °C

◇ Kochzeit: 90 Minuten

Schottisches Export Ale

obergärig
Stammwürze: 10,8 %
Hopfenbittere: 28 EBU
Bierfarbe: 60 EBC
Alkohol: 4,5 Vol.-%
Abfüllzeitpunkt: 2,9 %

1-stufiges Infusions-maischverfahren:

3000 g Münchner Malz
580 g Caramalz hell
90 g Farbmalz
200 g weißer Zucker
45 g Aromahopfen (5,3 % α) in 1 Zugabe 10 Minuten nach Kochbeginn

◇ Einmaischen: bei 40 °C und so 25 Min. halten

◇ 1. Rast: 90 Minuten bei 66 °C

◇ Abmaischen bei 78 °C

◇ Zuckerzugabe nach Mitte der Kochzeit

◇ Kochzeit: 90 Minuten

Helles Starkbier

untergärig
Stammwürze: 16,2 %
Hopfenbittere: 40 EBU
Bierfarbe: 8 EBC
Alkohol: 6,7 Vol.-%
Abfüllzeitpunkt: 4,2 %

3-stufiges Infusionsmaischverfahren:

3400 g Pilsener Malz
2400 g Wiener Malz
100 g Caramalz hell
64 g Bitterhopfen (7,0 % α) in 2 Zugaben: 1. 44 g nach Kochbeginn, 2. 20 g vor Kochende

◇ Einmaischen: bei 40 °C

◇ 1. Rast: 35 Minuten bei 52 °C

◇ 2. Rast: 60 Minuten bei 62 °C

◇ 3. Rast: 15 Minuten bei 75 °C

◇ Abmaischen bei 78 °C

◇ Kochzeit: 90 Minuten

Export dunkel

untergärig
Stammwürze: 12,5 %
Hopfenbittere: 30 EBU
Bierfarbe: 50 EBC
Alkohol: 5,1 Vol.-%
Abfüllzeitpunkt: 3,5 %

3-stufiges Infusionsmaischverfahren:

4200 g Münchner Malz
220 g Caramalz hell
90 g Farbmalz
60 g Aromahopfen (5,5 % α) in 2 Zugaben: 1. 40 g nach Kochbeginn, 2. 20 g vor Kochende

◇ Einmaischen: bei 38 °C

◇ 1. Rast: 40 Minuten bei 52 °C

◇ 2. Rast: 40 Minuten bei 62 °C

◇ 3. Rast: 40 Minuten bei 72 °C

◇ Abmaischen bei 78 °C

◇ Kochzeit: 90 Minuten

Kloster-Bier

obergärig
Stammwürze: 13,2 %
Hopfenbittere: 20 EBU
Bierfarbe: 40 EBC
Alkohol: 5,2 Vol.-%
Abfüllzeitpunkt: 3,6 %

3-stufiges Infusionsmaischverfahren:

2200 g Münchner Malz
2300 g Wiener Malz
40 g Farbmalz
50 g Aromahopfen (6,0 % α) in 2 Zugaben:
1. 30 g nach Kochbeginn,
2. 20 g vor Kochende

◇ Einmaischen: bei 38 °C

◇ 1. Rast: 40 Minuten bei 50 °C

◇ 2. Rast: 30 Minuten bei 64 °C

◇ 3. Rast: 30 Minuten bei 72 °C

◇ Abmaischen bei 78 °C

◇ Kochzeit: 90 Minuten

Bezugsquellenhinweis Versandhandel

*Brau-Partner K. Kling,
74080 Heilbronn,
Tel.: 07131/45353*

*F. Cani,
72770 Reutlingen,
Tel.: 07072/60968*

*S. Dreikorn,
75446 Wiernsheim-Serres,
Tel.: 07044/7115*

*Hofstetter,
77656 Offenburg,
Tel.: 0781/7154*

*E. Schmeling-Krause,
29459 Clenze,
Tel.: 05844/630*

Einzelhandel (regional)

*H. Heller (Brunnen-Drogerie),
76703 Unteröwisheim,
Tel.: 07251/961693*

*I. C. Kwiatkowski,
45739 Oer-Erkenschwick,
Tel: 02368/693542*

*Dr. H. Rudolph,
21368 Dahlenburg,
Tel: 05851/60111*

*G. Scheithauer,
04849 Bad Düben,
Tel.: 034243/22375*

Kursleiteradressen

*F. Cani,
72770 Reutlingen,
Tel.: 07072/60968*

*M. Gessler,
76149 Karlsruhe,
Tel.: 0721/786195*

*S. Heinzl,
86415 Mering,
Tel: 08233/32230*

*Prof. Dr. J. Kwiatkowski,
45739 Oer-Erkenschwick,
Tel.: 02368/693542*

*Dr. H. Rudolph,
21368 Dahlenburg,
Tel.: 05851/60111*

*W. Simon,
91090 Effeltrich,
Tel: 09133/603467*

*R. v. Wyschetzki,
86500 Kutzenhausen,
Tel.: 08238/4303*

Über die oben genannten Kursleiter können teilweise auch Brauutensilien bezogen werden.

Vereine/Zusammenschlüsse

*VHD-Vereinigung der Haus-und
Hobbybrauer Deutschland e. V. (überregional)
W. Simon,
Am Felsenkeller 2,
91090 Effeltrich, Tel.: 09133/603467*

*Haus- und Hobbybrauerstammtisch
Georg Lechner,
Tel.: 02256/1884, Fax: 7035*

*Braukultur e. V. Reutlingen (regional)
F. Cani, Liechtensteinstr. 28,
72770 Reutlingen*

*Braugruppe Waterkant (regional)
Martin Stoll-Hafkus,
Karolinenstr. 5,
20357 Hamburg*

*Unterländer Haus- und Hobbybrauer
(in Gründung)
Sitz: 74072 Heilbronn,
Tel.: 07143/93490, Fax: 92202*

Literaturverzeichnis

Handbuch der Brauerei-Praxis,
Getränke-Fachverlag Hans Carl, Nürnberg

Berry, C. J. J.:
Home brewed Beers & Stouts,
Nexus Special Interests Ltd.

Grunau, A. und Klawunn, Th.:
Bier selbst gebraut,
Verlag Karin Schulz, Göttingen

Höllhuber, D. und Kaul, W.:
Die Biere Deutschlands,
Getränke-Fachverlag Hans Carl, Nürnberg

Hochrain, H.:
Bayrisch Bier,
Bayerischer Landwirtschaftsverlag, München (Ausgabe 1957)

Klever, Ulrich:
Von der Maß bis an die Molle,
Chr. Wegner Verlag

Laing, D. und Hendra, J:
Bierbrauen,
Verlag Otto Maier, Ravensburg

Lense, Karl:
Katechismus der Brauerei-Praxis,
Getränke-Fachverlag Hans Carl, Nürnberg

Lohberg, Rolf:
Das große Lexikon vom Bier,
Scripta Verlags GmbH, Stuttgart

Narziß, Ludwig:
Abriß der Bierbrauerei,
Enke Verlag, Stuttgart

Clive la Pensée,
The historical companion to house-brewing,
Montag Publication

Simon, W.,
Zurück zum Bier, *Gaiganz*

Vogel, Wolfgang:
Bier aus eigenem Keller,
Ulmer Verlag, Stuttgart

Wheeler, G. und Protz, R.:
Brew classic European beers at home,
camra books

Register

Abfüllen 58, 64, 84
Abläutern 54, 62, 80, 81
Abmaischen 77, 80
Aktivkohle 50
Alkoholgehalt 18, 53, 54, 77
Alpha-Amylase 23, 60, 77, 80
Altbayerisches Dunkel 108
Altbier nach Düsseldorfer Art 106
Altdeutsches Helles 107
Altfränkisches Braubier 107
Anstellwürze 84
Aromahopfen 38, 39
Ausschlagwürze 82, 84

Bamberger Rauchbier 95
Bayerischer Weizendoppelbock 95
Bayerisches Hefeweißbier 97
Bayerisches Lagerbier dunkel 99
Bayerisches Weizenbier 94
Belgisches Ale I, II 133
Belgisches Brown Ale 130
Belgisches dunkles Ale 134
Belgisches Sauerbier I, II 113
Belgisches Trappistenbier I 112
Belgisches Trappistenbier II 130
Berliner Weiße 96
Beta-Amylase 23, 76, 80
Bierarten und -gattungen 18
Bieraufhellung 50
Bière de garde I, II 131
Bière de garde III 132
Bierfarbe 26, 28
Bierhefe 44–48, 84
Bierklärung 50
Biersorten und -typen 19
Bierspindel 53–56, 84
Bierstabilität 50
Biersteuer 18, 68, 69
Bierwürze 38, 77
Brauanzeige 68, 69
Braufehler 90–91
Braugips 35
Braukit 87
Braumalz 28
Brauprotokoll 70
Braustoffe 20
Brauutensilien 67–68
Brauverfahren 72–94
- Extraktverfahren 87
- Maischverfahren 75
- Schritt für Schritt 86
Brauwasser 33, 35, 64, 79
Budweiser Lager 117

Caramalze 27
Churchill Pale Ale 134

Dänisches Lager 120
Dänisches Starkbier 120
Darren 23
Dinkel 26
Dortmunder Export 105
Druckkontrolle 85
Dunkler Doppelbock 98
Dunkler Doppelbock nach Kulminator Art 100
Dunkles Bockbier 101
Dunkles Hefeweizen 108
Durchlauf-Filtereimer 63, 81, 83

EBC-Zahl, 23
EBU 43
Eighty Shilling Ale 129
Einmaischen 76, 80
Eiweißausscheidung 38
Eiweißrast 76, 80
Endvergärungsgrad 53, 59, 77
Englischer Porter 121
Englisches Ale I 136
Englisches Ale II 135
Englisches Bitter 133
Englisches Brown Ale 128
Englisches Draught Bass 112
Englisches Starkbier 126
English Stout I 122
English Stout II 125
Ersatzstoffe 24, 30
Export dunkel 138
Export Edelhell 104
Export hell 103
Export Stout 124, 125
Extraktverfahren 75, 87–89
- einfaches 31, 88–89
- klassisches 31, 32, 75, 88–89

Farbmalz 27, 77, 80
Filtration 62, 83
Finnischer Porter 121
Flüssighefe 45
Französisches dunkles Lager 114
Französisches Lager 115
Französisches Rauchbier 114

Gärungsmethode 19
Gärverlauf 54, 57, 58
Gerbstoffe 38
Gerste 21
Gerstenflocken 32
Gerstenmalz 17, 24
Geschichte 8–15
Geschmack 26, 50
Glattwasser 61
Gose aus Goslar 110
Grad Plato 18, 68
Grünmalz 23

Haltbarkeit 38, 47
Hauptgärung 84
Hauptguss 61, 79
Hauptmalze aus Gerste 24
Hausenblase 50
Hefe 17, 44–48
Hefeweizen 96
Helles Bockbier nach Einbecker Art 104
Helles Starkbier 138
Hilfsmittel 49–51
Holländisches Altbier 113
Holländischer dunkler Doppelbock 118
Holländisches Lager I, II 117
Holländisches Pils 118
Holländisches Stout 130
Hopfen 10, 12, 17, 36
Hopfenaroma 38

Hopfenarten 38, 40–42
Hopfenbittere 38, 43
Hopfengabe 39, 42, 43
Hopfenkochen – Würzekochen 43
Hopfenseihen 82

Imperial Stout 125
Infusionsverfahren 76
Inhaltsstoffe 17, 21
Irisch Moos 50
Irisches Bier (Kilkenny Art) 129
Irisches Starkbier 122
Irish Extra Stout (Guinness Art) 124
Irish Stout 123
Iso-Alpha-Säuren 38

Jahrhundertbier 105
Jodprobe 60, 80
Jungbier 85

Keimen 22
Kellerpils 109
Klärung 49, 50, 86
Kloster-Bier 139
Kochzeit 43
Kohlensäure 53, 59, 85
Kölsch 106

Lactose 29
Lagerung 48, 86
Lupulin 37, 39
Luxemburger Lager 115

Maibock 101
Maischen 60, 62, 80
Maischesacktechnik 78, 80, 81, 83
Maischverfahren 31, 73
Maisflocken 32
Maltoserast 80
Malzauszug 77
Mälzen 21, 22
Malzersatzstoffe 17
Malzextrakt 25, 36, 64, 88
Malzsorten 24–25
Malzzucker 53
Märzen 111
Mild Ale I 126
Mild Ale II 127
Mild Ale III 128
Milk Stout 123
Münchner helles Lager 103

Nachgärung 58, 59, 85
Nachguss 61, 54, 79, 81
Naturhopfen 40
Norddeutsches Pils 102

Oatmeal Stout 123
obergärig 18, 44, 46, 47
Oktoberfest Bier 98
Oktoberfest Märzen 100
Österreichischer Urbock 108
Österreichisches Rauchbier 114
Österreichisches Weizenbier 94

Pale Ale I 126
Pale Ale II 127
Pale Ale III 134
Pellets 38, 39
Pfannenvollwürze 54, 61, 82
pH-Wert 34, 35
Pils nach Bitburger Art 105
Pilsener Malz 24
Pilsener nach Urquell Art 102
Protease 76, 80

Rasttemperaturen 76
Rehydrieren 45, 46
Reinheitsgebot 17, 29, 36, 49
Restaussüßung 81
Rohfrüchte 31–33
Rührtechnik 7

Sauberkeit 65
Sauermalz 28, 36
Schaum 26,38, 49, 85
Schlauchen 58, 64, 85
Schnellvergärungsprobe 57, 59, 84
Schottisches Brown Ale 129
Schottisches Export Ale 136
Schottisches Starkbier 135
Schroten 23, 78
Schrotsorten 23–24
Schüttung 30, 33, 53, 78
Schwäbisches Export 109
Schwäbisches Rauch-Weizenbier 110
Sondermalze 25, 26
Spezial-Hefeweizen 107
Spezialmalze 24, 26, 27
Stabilität 26
Stammwürze 18, 19, 53, 54, 57, 61, 64
Stärke 23

Tannin 49
Treber 62, 81
Trocken-Malzextrakt 86
Trockenbierhefe 45
Trubausscheidung 82
Tschechisches Pilsner 116

untergärig 18, 44, 47
Urbräu 110
Utensilien 64, 66–67

Vergärungsgrad 35, 55
Verkleisterung 31, 76
Verzuckerung der Stärke 60
Verzuckerungsrast 60, 80
Vorderwürze 54, 62
Vorverzuckerung 76

Wasser 17, 33–35
Weihnachtsbier 111
Weißbier Ayinger Art 97
Weizenbräu hell 95
Wiener Altbier 132
Wiener Malz 24
Würze- und Hopfenkochen 39, 82

Zucker 30, 31
Zuckercouleur 29
Zufärben 23
Zusatz- und Ersatzstoffe 17, 29, 80, 82, 88

„Hausgemachte Köstlichkeiten", die neue Ratgeberreihe im Weltbild Buchverlag, richtet sich an alle, die Spaß am Selbermachen haben und Wert auf die natürliche, gesunde Verarbeitung und Haltbarmachung von Nahrungsmitteln legen. „Hausgemachte Köstlichkeiten" greift altbewährte Techniken auf, kombiniert mit pfiffigen, modernen Rezepturen sowie einfachen, praxisnahen Anleitungen.

Bereits erschienen:
Räuchern
Essig, Pickles und Chutneys
Alles mit Kräutern
Die Reihe wird fortgesetzt.

Der Text des Buches folgt den neuen Regeln der deutschen Rechtschreibung.

Weltbild Buchverlag

Titelbild: Klaus Kling, Kirchheim
Umschlaggestaltung: Lydia Koch, Augsburg
Graphische Gestaltung, Satz und Herstellung: Peter Beckhaus, Grafik-Designer, Mainz
Producing, Bild- und Textredaktion: BOOKS & MORE, Monika Zilliken, Wiesbaden
Lithoarbeiten: Kaltner Media GmbH, Bobingen
Druck: Offizin Andersen Nexö, Leipzig

Bildnachweis
Alle Fotos **Klaus Kling, Kirchheim** außer:
Archiv für Kunst und Geschichte, Berlin: S. 8, 15, 99;
Servicebüro, Die Bayerischen Biere, Eching: S. 11, 12, 13;
Steiner-Hopfen, Mainburg: S. 36, 37;
StockFood, München: /Harry Bischof: S. 98; /Anthony Blake: S. 112, 122, 126; /Gerhard Bumann: S. 108; /Gerrit Buntrock: S. 20; /CEPHAS, Boreham: S. 121, 127, 128; /Eising: S. 72, 95, 96, 97, 100, 105, 113, 114, 117, 120, 124, 136; /Bruno Hausch: S. 103; /Ulrike Köb: S. 115; /Martina Meuth: S. 104, 132; /Zoltan v. Okolicsanyi: S. 16, 52. /Ansgar Pudenz: S. 123, 133, 135; /Rosenfeld Images LTD: S. 138; /Bodo A. Schieren: S. 5, 92, 94,119, 131, 135; /TH-Foto-Werbung: S. 101, 118; /Jan Peter Westermann: S. 102; / Zabert Sandmann Verlag: S. 48, 51, 93, 106, 109, 111, 116, 130, 137, 139.
Alle Zeichnungen **ralf hartmann, Markgröningen**

Printed in Germany

ISBN 3-89604-256-4